Würzburg

Roland Dusik
Ulrike Ratay

Inhalt

Das Beste zu Beginn
S. 4

Das ist Würzburg
S. 6

Würzburg in Zahlen
S. 8

Was ist wo?
S. 10

Augenblicke
Trommeln am Main
S. 12
Treppen zur Welt
S. 14
Alles am Fluss
S. 16

Ihr Würzburg-Kompass
15 Wege zum direkten Eintauchen in die Stadt
S. 18

Europas schönster Pfarrhof
– **die fürstbischöfliche Residenz**
S. 20

Von der Romanik bis zur Moderne –
der Dom St. Kilian
S. 25

Das geistliche Zentrum –
Neumünster und Domherrenhöfe
S. 29

Das bürgerliche Zentrum –
Marktplatz mit Marienkapelle
S. 33

Im Herzen der Stadt –
Alte Mainbrücke und Rathaus
S. 37

Eine fürstbischöfliche Stiftung – **das Juliusspital**
S. 41

Kunst und Kultur im Industriedenkmal –
der Alte Hafen
S. 45

Weinstudien mit Aussicht –
der Stein- Wein-Pfad
S. 48

 Grüne Oase XL –
der Ringpark
S. 52

 Alte Tradition und
studentisches Leben –
rund um die Universität
S. 56

 Leben am Fluss –
das Mainufer
S. 59

 Zu Füßen der Burg –
unterwegs im Mainviertel
S. 62

 Renaissanceburg der
Fürstbischöfe –
Festung Marienberg
S. 66

 Kirchenkunst und schöne
Aussichten – **vom Käppele
zur Frankenwarte**
S. 70

 Dreimal Alte Mainbrücke –
**eine Radtour entlang
des Mains**
S. 73

Würzburger Museumslandschaft
S. 78

Ausflüge mainauf, mainab
S. 80

Pause. Einfach mal abschalten
S. 84

 In fremden Betten
S. 86

 Satt & glücklich
S. 90

 Stöbern & entdecken
S. 98

 Wenn die Nacht beginnt
S. 104

Hin & weg
S. 110

O-Ton Würzburg
S. 114

Register
S. 115

Abbildungsnachweis, Impressum
S. 119

Kennen Sie die?
S. 120

Das Beste zu Beginn

Schöner schöppeln ist nirgends
Nicht mehr ganz einmalig (auch in Kitzingen am Main gibt es ihn an bestimmten Tagen), aber immer noch einzigartig ist der Brückenschoppen auf der Alten Mainbrücke mit Blick auf den Dom einerseits sowie Festung und Käppele andererseits.

Entschleunigen Sie!
Lust auf eine Schiffstour? Auf dem Main nimmt Sie die Weiße Flotte vom Alten Kranen aus mit nach Veitshöchheim und Ochsenfurt. Lassen Sie in aller Ruhe die schöne fränkische Flusslandschaft an sich vorbeiziehen. Und ein Besuch des fürstbischöflichen Rokokogartens in Veitshöchheim lohnt sich allemal.

Fränkisch ist einfach schön
Zwar ist der Würzburger Dialekt in seiner Reinform nicht einfach zu verstehen, doch können Sie etwa auf einer Nachtwächterführung zumindest eine Ahnung vom Fränkischen erhaschen. Dort werden amüsante ›Gschichtli‹ in den ›Gässli‹ in verständlicher Mundart vorgetragen.

Weinkeller bei Nacht
Würzburg und Wein gehören einfach zusammen – selbst wer Wein nicht mag, wird die schöne Atmosphäre der Weinfeste in Würzburg genießen: etwa unter den Bäumen des wunderbaren Hofgartens der Residenz Ende Juni/Anfang Juli, auf der Weinparade auf dem Marktplatz oder bei der ›Nacht der offenen Weinkeller‹ in den vier großen Würzburger Weingütern (www.fraenkischer-weinfestkalender.de).

Gartenfreuden
Fast jede Woche verbringe ich zumindest eine Mittagspause im Hofgarten der Residenz. Zugegebenermaßen beachte ich dann mehr die wunderschön, je nach Jahreszeit unterschiedlich bepflanzten Blumenbeete als die Rückfassade des UNESCO-Weltkulturerbes oder die kunstvollen Skulpturen – aber die Mittagspause ist ja auch zum Entspannen da.

Das Beste zu Beginn

Endlich die Übersicht
Viele Aussichtspunkte zeigen, wie schön Würzburgs Lage am Main ist. Diese sind gar nicht so weit zu erlaufen, etwa der Würzburger Stein, die bekannteste Weinlage der Stadt, die Festung Marienberg oder das Käppele.

Würzburger Originale
In den Bäcks kann man sie noch treffen, die ›alten‹ Würzburger. Im Maulaffenbäck, Sternbäck, aber auch in alteingesessenen Weinstuben wie Halbleib kommen Sie leicht mit ihnen ins Gespräch. Außerdem locken dort fränkische Spezialitäten wie Blaue Zipfel, angemachter Camembert, Knöchle, Schäufele – und im Herbst der Bremser.

Japan in Würzburg
Sitzen Japaner in der Straßenbahn Richtung Zellerau, sind sie wohl auf dem Weg ins Siebold-Museum. Denn in Japan ist der aus Würzburg stammende Mediziner und Naturforscher Philipp Franz von Siebold bis heute bekannter als hierzulande. Auf dem Landesgartenschaugelände von 1990 und am Alten Kranen gibt es japanische Gärten.

Fair kleidet
Dass ein T-Shirt für drei Euro nicht unter besten Bedingungen produziert worden sein kann, dürfte klar sein. In Würzburg haben sich fünf Läden für faire Mode zusammengetan: das Naturkaufhaus Body & Nature, liten lycka, JAC, das Zukunftshaus sowie der Weltladen. Sie organisieren den Fair-Fashion-Day, die Veranstaltung Veganmania oder Modeschauen.

Ulrike Ratay schätzt an ihrer fränkischen Heimat die Kombination aus genussvollem Leben, großer Kultur und herrlicher Landschaft.
Am meisten beeindruckt Roland Dusik an Würzburg die hohe Lebensqualität, die kulturelle Vielfalt sowie die Gelassenheit der Einheimischen, die das Leben leicht und sich selbst nicht so ernst nehmen.

Fragen? Erfahrungen? Ideen?
Wir freuen uns auf Post.

Unser Postfach bei DuMont:
dusik@dumontreise.de

Das ist Würzburg

Ein lauer Sommerabend – wir stehen auf der Alten Mainbrücke im Herzen Würzburgs, in der Hand vielleicht ein Glas Silvaner, Müller-Thurgau, Scheurebe oder Bacchus. Der Main fließt dahin, wir bewundern die Stadtkulisse mit Rathaus, Dom, Turm der Marienkirche und Kuppel des Neumünsters auf der einen, mit der hoch aufragenden Festung Marienberg und der Doppelturmfassade des Käppele auf der anderen Mainseite. Dass einem dabei die großen barocken Heiligenfiguren über die Schulter schauen, stört die Stimmung keineswegs – auch die Fürstbischöfe verstanden es ja zu feiern und hatten mit dem Hofkeller und dem Juliusspital großen Anteil am Weingeschäft, das heute noch eine wichtige Rolle in Würzburg spielt. In kaum einer anderen Großstadt wird man es erleben, dass im Herbst die Reben durch die Innenstadtstraßen zu ihren Verarbeitungsorten transportiert werden und es in den Innenhöfen der Residenz nach Bremser (Federweißer), dem vergorenem Jungwein, riecht.

Bestimmende Bauherren, bedeutende Künstler

Nicht nur beim Wein waren die Fürstbischöfe bestimmend – als Bauherren prägten sie das Bild der Stadt: Auf ihrer Festung Marienberg hinterließ nahezu jeder geistliche Oberherr seine Spuren, während die Residenz von Fürstbischof Johann Philipp Franz von Schönborn initiiert wurde. Das von Julius Echter gestiftete Juliusspital ist heute noch ein wichtiges Krankenhaus, Altenheim und Weingut in historischen Mauern. Ihre Aufträge sorgten dafür, dass sich in der Stadt am Main bedeutende Künstler versammelten: Tilman Riemenschneider aus dem thüringischen Heiligenstadt schuf unter vielem anderen die Grabmäler der Fürstbischöfe Rudolf von Scherenberg und Lorenz von Bibra im Dom. Der größte Baumeister der Residenz, Balthasar Neumann, kam aus Eger, dem heutigen tschechischen Cheb. Die ebenfalls an dem grandiosen Barockschloss beteiligten Künstler Giovanni Battista Tiepolo, Antonio Petrini und Antonio Giuseppe Bossi stammten aus Italien und Johann Georg Oegg aus Tirol. Aber auch in der Gegenwart ist die katholische Kirche in Würzburg eine Auftraggeberin von Kunst, wie etwa die modernen Gemälde von Thomas Lange im Neumünster oder die von Jacques Gassmann in der Bischofsgrablege des Doms belegen. Das Museum am Dom zeigt übrigens eine Sammlung des Bistums Würzburg mit Werken aus dem 10.–21. Jh. Architektonische Zeichen setzten ebenso die Bürger der Stadt z. B. mit der Marienkapelle oder dem Bürgerspital.

Zusammentreffen von Alt und Neu

Würzburg hat zwar unzählige herausragende Baudenkmäler zu bieten, aber kein geschlossenes, gewachsenes Stadtbild. Denn diese Stadt musste einen schweren Schicksalsschlag verkraften: Der Luftangriff am 16. März 1945 zerstörte in kürzester Zeit einen Großteil der historischen Bausubstanz. Der Wiederaufbau war schon immer begleitet von Diskussionen – nicht alles Rettbare wurde auch erhalten. Doch macht vielleicht gerade das Zusammentreffen von Neu und Alt, von romanischen bis barocken Kirchen

Das ist Würzburg

Nichts wie hin zum Brückenschoppen auf der Alten Mainbrücke!

und modernen Kaufhäusern, von alten Traditionen und neuen Trends den Reiz des heutigen Würzburgs aus. Und immer wieder entsteht Neues: So wurde mit der Landesgartenschau 2018 etwa der Stadtteil Hubland neu gestaltet und aufgewertet. Es wird weiterhin daran gearbeitet, diese sowieso schon schöne Stadt noch attraktiver zu machen.

Von Africa Festival bis Umsonst & Draußen

Zur Anziehungskraft Würzburgs tragen mit Sicherheit auch die zahlreichen hochkarätigen kulturellen Veranstaltungen bei, die man gar nicht alle aufzählen kann. Weithin bekannt ist Europas größtes Africa Festival auf den Talavera-Mainwiesen, und nicht nur Klassikfans kommen von weither zum Mozartfest oder den Bachtagen. Ein besonderes Ambiente mit einer Bühne auf dem Wasser bietet der Hafensommer, Kunst in der ganzen Stadt finden Sie beim StraMu, dem Internationalen Festival für Straßenmusik und Straßenkunst. Seit 1988 gibt es das Musikfestival Umsonst & Draußen – unter freiem Himmel und ohne Eintritt. Und auch die Theaterszene lässt mit Mainfranken Theater, Theater Chambinzky, theater ensemble oder Theaterwerkstatt kaum Wünsche offen.

Als Zentrum Unterfrankens bietet Würzburg mit seinen Veranstaltungen, mit den Baudenkmälern und Museen kulturelle Vielfalt, genauso wie eine herausragende Lebensqualität mit seinen gemütlichen Weinstuben, vielfältigen Restaurants und Kneipen sowie Geschäften von individuellen Kleinstläden bis hin zu den Niederlassungen der großen Ketten. In Würzburg gehen Tradition und Moderne eine Symbiose ein, mit ca. 130 000 Einwohnern zählt es bundesweit zwar eher zu den kleineren Großstädten, ist deswegen aber keineswegs langweilig. Würzburg macht es seinen Gästen leicht, sich wohlzufühlen.

Würzburg in Zahlen

0,25
Liter beträgt das Maß für einen Schoppen Frankenwein, es gibt auch die Hälfte: ein Achtele.

3
Die iroschottischen Missionare Kilian, Kolonat und Totnan erlitten in Würzburg den Märtyrertod und wurden zu Heiligen.

12
Brückenheilige bewachen die Alte Mainbrücke.

14
Nobelpreisträger lehrten in der Stadt am Main.

20
Minuten knapp dauerte der Bombenangriff am 16. März 1945, der fast 90 % der Altstadt Würzburgs zerstörte und mehr als 5000 Menschen das Leben kostete.

25
Kirchen und Kapellen zählt man allein in der Würzburger Altstadt, entsprechend präsent sind die Türme der Gotteshäuser.

43,1
Prozent beträgt der Anteil der landwirtschaftlich genutzten Fläche am 87,6 km^2 umfassenden Würzburger Stadtgebiet.

44
Jahre regierte Julius Echter als Fürstbischof von Würzburg und Herzog von Franken, unter dem viel gebaut und die Universität neu begründet wurde.

51
Glocken zählt das Carillon im Turm der Neubaukirche, die größte wiegt 635 Kilogramm.

79,57

Meter hoch ist der Kirchturm der Neubaukirche, der höchste Würzburgs.

100

Stände etwa stehen auf dem Würzburger Weihnachtsmarkt vor Falkenhaus und Marienkapelle.

168

Meter beträgt die Gartenfront der Residenz in der Breite.

255

Stufen führen auf dem Stationsweg hinauf zum Käppele mit seiner weiß-gelben Fassade.

704

Jahre nach Christus wird die Stadt Würzburg erstmals in einer Schenkungsurkunde erwähnt.

1456

jüdische Grabsteine und Grabsteinfragmente aus dem 12. bis 14. Jh. wurden 1987 bei einem Hausabriss in der Pleich gefunden.

4557

Quadratmeter Weinkeller der Staatlichen Hofkellerei erstrecken sich unter der Residenz.

40 000

Studierende sind an den Hochschulen (JMU, Fachhochschule und Musikhochschule) der Stadt immatrikuliert – fast ein Drittel der Einwohner.

677

Quadratmeter misst das Deckenfresko von Tiepolo im Treppenhaus der Residenz.

Was ist wo?

Die Universitäts- und Bischofsstadt Würzburg liegt zu beiden Seiten des Mains im mittleren Maintal, am westlichen Schenkel des sog. Maindreiecks. Die knapp 4 km² große Altstadt teilt sich in einen größeren Bereich rechts des Flusses, der im Wesentlichen vom Ringpark, dem Nachfolger der barocken Stadtbefestigung, umschlossen wird, und das Viertel links des Mains unterhalb der Festung Marienberg.

Innenstadt rechts des Mains
Das absolute Highlight auf der rechten Mainseite ist die zum UNESCO-Weltkulturerbe zählende **Residenz** (📕 F 4) samt dem dazugehörigen Hofgarten. Vom Residenzvorplatz gelangen Sie über die Hofstraße in wenigen Minuten an die Rückseite des **Doms** (📕 E 4), ein in seiner Baulichkeit und mit seinen Kunstschätzen äußerst beeindruckendes Gotteshaus. Diesem ist das **Domschatz-Museum** angeschlossen, und gleich neben dem Haupteingang des Doms zeigt das **Museum am Dom** Kunstwerke aus mehreren Epochen in einem spannenden Miteinander. Nur ein paar Häuser weiter erhebt sich die barocke Fassade des **Neumünsters,** das über dem Grab der Frankenapostel errichtet worden sein soll und in dessen ehemaligem Kreuzgang, dem Lusamgärtchen, das mutmaßliche Grab Walthers von der Vogelweide verehrt wird. Folgen Sie den Straßen Kürschnerhof und Schönbornstraße (die mit zu den wichtigsten Einkaufsstraßen gehören), kommen Sie über den Dominikanerplatz zur Juliuspromenade, an der das von Julius Echter begründete **Juliusspital** (📕 E 3) samt seinem Weinkeller liegt. Die Promenade führt Sie weiter Richtung Main und Alter Kranen.

Innere Pleich
Daran anschließend befindet sich eines der am ursprünglichsten wirkenden Stadtviertel Würzburgs: die Innere Pleich. Es ist spannend, durch die verwinkelten Gassen rund um die Pfarrkirche **St. Gertraud** (📕 E 3) zu streifen und z. B. das als ältestes Haus der Stadt geltende **Pleicher Handwerkerhaus** (Pleicherkirchgasse 16) zu entdecken. Über Ulmer Hof und Häfnergasse geht es weiter zur **Marienkapelle** und zum **Marktplatz** mit seinem geschäftigen Treiben. Durch die Langgasse, an der Seite des **Rathauses** vorbei, erreichen Sie den Platz Beim Grafeneckart mit dem **Vierröhrenbrunnen** (📕 E 4) und gelangen über die Augustinerstraße in gerader Verlängerung in die Sanderstraße, wo sich zahlreiche Kneipen und andere Lokalitäten drängen. Doch zurück zum Rathaus und dem davor liegenden Platz: Hier schließt sich die **Alte Mainbrücke** (📕 D 4) an, die die beiden Stadtbereiche an den Ufern des Mains verbindet.

Links des Mains
Dominiert wird die linke Mainseite von der ursprünglich mittelalterlichen **Festung Marienberg** (📕 C/D 5), die malerisch über den Rebhängen aufragt. Schon die Kelten hatten hier eine Fliehburg errichtet, Fürstbischof Julius Echter ließ die Burg zu einem Renaissanceschloss mit markanten Ecktürmen umbauen. Im Süden der Festung Marienberg erhebt sich das **Käppele** (Wallfahrtskirche Mariä Heimsuchung, 📕 D 6) auf dem Nikolausberg, ein Werk des berühmten Barockbaumeisters Balthasar Neumann. Zu Füßen des

Was ist wo?

Marienbergs liegt die Pfarrkirche **St. Burkard** mit dem gotischen Hochchor über einem Torduchgang und dem romanischen Langhaus. Durchschreiten Sie den Torbogen, gelangen Sie vor ein Beispiel der sog. Revolutionsarchitektur, dem **ehemaligen Frauenzuchthaus** von Peter Speeth aus den Jahren 1809/10, heute Jugendherberge und Jugendkulturhaus Cairo.

Auf der Höhe der Alten Mainbrücke treffen Sie auf die eigentlich spätgotische **Spitäle-Kirche** (Karte D 4) mit ihrer ungewöhnlichen klassizistischen Fassade, in der heute Kunstausstellungen gezeigt werden. Ebenfalls auf dieser Mainseite liegen die **Don-Bosco-Kirche** (einst Schottenkloster, Karte D 3) und die **Deutschhauskirche** (Karte D 4), die einen Durchlass zwischen Turm und Kirche aufweist, da der Weg zum Schottenkloster nicht bebaut werden durfte. Erholsames Grün finden Sie auf dem **Gelände der Landesgartenschau 1990** (Karte C/D 4) am Nordhang der Festung mit verschiedenen Themengärten und einem schönen Spielgraben (Wasserspielplatz) für Kinder.

Neues Kultur- und Kreativzentrum

Eines der aufregendsten Architekturprojekte Würzburgs der letzten Jahre wird im Stadtteil Zellerau realisiert: Auf dem ehemaligen **Gelände des Bürgerbräu** (Karte 3, B 2) wurden die alten und denkmalgeschützen Gebäude großteils renoviert. Mittlerweile hat sich hier eine bunte Sammlung aus Gewerbe und Büros, Kunst und Kultur, Gastronomie und Veranstaltungorten angesiedelt: u. a. das Programmkino Central, das theater ensemble, das Siebold-Museum, diverse Läden, ein Café und die Sektkellerei Höfer. Als eines der letzten Architekturbeispiele der Gründerzeit in Würzburg dokumentiert das Bürgerbräu-Gelände einen Teil der Stadtgeschichte. 1815 war das ›Brauhaus Zell am Main‹ im gleichnamigen Ort gegründet worden, 1886 erfolgte die Umsiedlung auf das Gelände in der Frankfurter Straße. 1989 wurde die Brauerei geschlossen, ab 2012 damit begonnen, das Gelände wieder herzurichten. Das Projekt bekam 2018 den Förderpreis der Unterfränkischen Kulturstiftung.

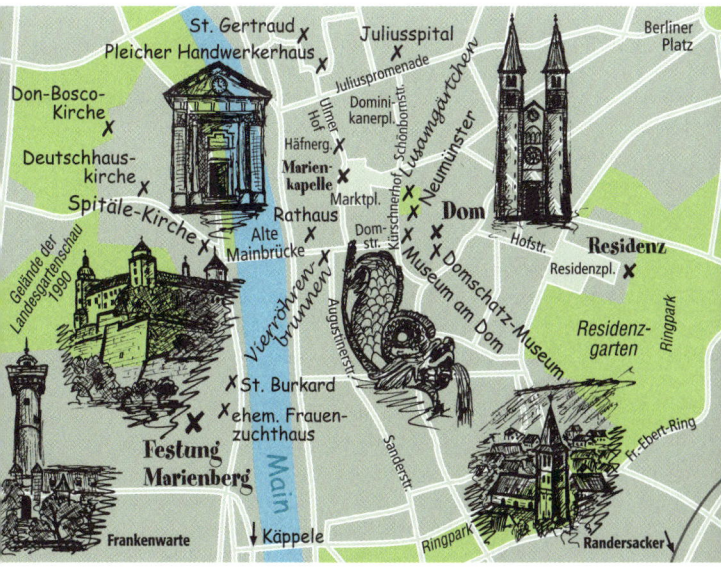

Augenblicke

Trommeln am Main

Tauchen Sie ein in fremde Klänge beim Africa Festival! Auf den Talavera-Mainwiesen bei der Brücke der Deutschen Einheit ertönt an vier Tagen Ende Mai/Anfang Juni traditionelle und moderne afrikanische Musik, ein riesiger bunter Basar und Kunsthandwerkermarkt lädt zum Bummeln und Genießen afrikanischer Köstlichkeiten ein.

Treppen zur Welt

Der vielleicht größte Hingucker der Würzburger Residenz ist das Treppenhaus. Über der Balustrade mit Skulpturen von Johann Peter Wagner spannt sich das von Balthasar Neumann entworfene freitragende Gewölbe mit dem riesigen Fresko der vier damals bekannten Erdteile von Giovanni Battista Tiepolo. Diese Seite stellt Europa unter dem Porträtmedaillon des Bauherrn Carl Philipp von Greiffenklau dar und zeigt einige der an Bau und Ausstattung der Residenz beteiligte Künstler.

Alles am Fluss

Sind Fischbrötchen sonst eher eine Sache des hohen Nordens, finden Sie diese auch in Würzburg – etwa im Main Kutter Würzburg (ehemals Fischbar zum Krebs) auf dem Main beim Alten Kranen. Die schöne Lage am Fluss trägt viel zur Attraktivität Würzburgs bei. Man lässt es sich gut gehen mit Blick auf die Alte Mainbrücke und die andere Mainseite mit der beeindruckenden Festung Marienberg.

Ihr Würzburg-Kompass

15 Wege zum direkten Eintauchen in die Stadt

#4

Das bürgerliche Zentrum – **Marktplatz mit Marienkapelle**

#5

Im Herzen der Stadt – **Alte Mainbrücke und Rathaus**

UNTER EINEM OBELISKEN

Wo früher und heute der Wein floss

HIER SOLLTE ES EINEM GLEICH BESSER GEHEN

#6

Eine fürstbischöfliche Stiftung – **das Juliusspital**

aus Korn wurde Kunst

#7

Kunst und Kultur im Industriedenkmal – **der Alte Hafen**

WAS IST EIN WENGERT?

#8

Weinstudien mit Aussicht – **der Stein-Wein-Pfad**

KLEIN NIZZA

#9

Grüne Oase XL – **der Ringpark**

MEEKUH & WALFISCH

Julius & Maximilian

#11

Leben am Fluss – **das Mainufer**

#10

Alte Tradition und studentisches Leben – **Universität**

1

Europas schönster Pfarrhof – **die fürstbischöfliche Residenz**

An der Residenz kommen Sie in Würzburg nicht vorbei. Immerhin ist sie einer der berühmtesten Schlossbauten des Barock in Europa und seit 1981 Weltkulturerbe der UNESCO. Entsprechend beeindruckend sind Architektur, kunstvolle Ausstattung und der zugehörige Hofgarten.

Man möchte meinen, dass die Residenz ursprünglich Sitz eines Königs oder Kaisers war. Bauherren waren aber die machtvollen Würzburger Fürstbischöfe, die zuvor auf der Festung Marienberg residiert hatten. »Europas schönsten Pfarrhof« soll Napoleon später das Bauwerk genannt haben.

Japanische Kirschbaumallee an der Südseite der Residenz

Fürstbischöfliche Residenz #1

1720 ließ Fürstbischof Johann Philipp Franz von Schönborn mit den Bauarbeiten beginnen (Rohbau bis 1744, Ausstattung bis 1780). Er betraute den erst 33-jährigen Balthasar Neumann mit der Leitung. Am Bau wirkten außerdem der Mainzer Maximilian von Welsch, der Bamberger Hofbaumeister Johann Dientzenhofer und Johann Lucas von Hildebrandt mit. Antonio und Materno Bossi versahen die Räume mit Stukkaturen. Decken- und Wandgemälde stammen u. a. von Johannes Zick, Johann Rudolf Byss und Giovanni Battista Tiepolo. Sie schufen innerhalb für damalige Verhältnisse kürzester Zeit ein Gesamtkunstwerk von außerordentlicher künstlerischer Geschlossenheit.

Balthasar Neumann auf einem Kanonrohr als Teil der Allegorie des Erdteils Europa auf Giovanni Battista Tiepolos Deckenfresko im Treppenhaus

Fränkische Künstler

Die imposante viergeschossige Fassade mit den beiden Flügeln und dem Ehrenhof wird flankiert von zwei kleineren Prachtbauten: Das **Rosenbachpalais** 1 im Norden (heute Sitz des Staatlichen Hofkellers) wurde um 1700 von Antonio Petrini errichtet, der **Gesandtenbau** 2 im Süden 1765–70 von Johann Philipp Geigel (Gaststätte B. Neumann 1, ▶ S. 22). Den **Frankonia-Brunnen** 3 von Ferdinand von Miller ließ die Stadt 1894 zu Ehren des Prinzregenten Luitpold aufstellen. Die gekrönte Allegorie der Region Franken herrscht über die Figuren dreier Künstler, die einst in Franken arbeiteten: Matthias Grünewald, Walther von der Vogelweide und Tilman Riemenschneider.

Durch den **Haupteingang** 4 im Ehrenhof und über den Kartenverkauf betreten Sie das **Vestibül** der Residenz, in dem früher die Kutschen der vornehmen Gäste, die natürlich nicht nass werden durften, einfahren und auch wenden konnten.

Schau Räume

Die Führungen beginnen im lichtdurchfluteten **Gartensaal**, dessen Architektur Balthasar Neumann und dessen Stukkaturen Antonio Bossi schufen. Das Deckengemälde von Johann Zick stellt das »Göttermahl« und die »Rast der Diana« dar. Das folgende **Treppenhaus** zählt zu den größten Stiegenanlagen des Barock: Eine Treppe führt bis zu einem Umkehrpodest, sodann zwei gegenläufige Treppen bis zu einem Umgang. Dessen Balustrade schmücken allegorische und mythologische Figuren von Johann Peter Wagner. Balthasar Neu-

▶ **LESESTOFF**

Geheimnisvolle Vorkommnisse rund um die Fertigstellung von Maestro Tiepolos Riesenfresko im Sommer 1753: Der historische Residenz-Krimi **Tiepolos Geheimnis** (Echter) von Jo Kilian entführt an den Hof des Fürstbischofs Greiffenclau.
In Roman Rauschs Krimi **Tiepolos Fehler** (rororo) ermittelt Kommissar Kilian im Fall eines mit dem Werkzeug eines Freskomalers ermordeten Wachmanns.

#1 Fürstbischöfliche Residenz

manns weltberühmtes stützenfreies **Gewölbe** über den Stiegen überstand sogar den verheerenden Bombenangriff vom 16. März 1945. Das 677 m2 große **Deckenfresko** von Giovanni Battista Tiepolo mit den damals bekannten vier Erdteilen ist eines der größten einteiligen Fresken überhaupt.

Nach der überwältigenden Farbigkeit des Treppenhauses beeindrucken im eher weiß-grau gehaltenen **Weißen Saal** dennoch die Stukkaturen von Antonio Bossi. Den ehemaligen Aufenthaltsraum der Wache schmücken Waffendarstellungen und militärische Embleme in den Ecken der Decke.

INFOS/ÖFFNUNGSZEITEN

Residenz 4: Residenzplatz 2, T 0931 355 17-0, www.residenz-wuerzburg.de, April–Okt. 9–18, Nov.–März 10–16.30 Uhr, letzter Einlass 45 Min. vor Schließung, 9 €, erm. 8 €, Kinder frei (inkl. Führung)
Führungen: April–Okt. alle 20 Min., letztmals 17 Uhr, Nov.–März alle 30 Min. letztmals 15.30 Uhr; Dauer 45–50 Min. Die südlichen Kaiserzimmer mit Spiegelkabinett sind nur im Rahmen einer Führung zugänglich, ein Behindertenaufzug ist vorhanden.
Hofkirche 5: April–Okt. tgl. 9–18, Nov.–März 10–16.30 Uhr, bei Gottesdiensten geschl., Eintritt frei

Hofgarten 6: tgl. bis Einbruch der Dunkelheit (max. bis 20 Uhr), Eintritt frei, Gartenführungen auf Anfrage: T 0931 355 17-0

KULINARISCHES FÜR ZWISCHENDRIN

Genießen Sie im **B.Neumann** 1 fränkische und internationale Küche von Blauen Zipfeln und Schäufele bis Vitello Tonnato (Residenzplatz 1, T 0931 46 77 19 44, www.b-neumann.com, Di–So 11.30–18 Uhr, €–€€). Im **Biergarten** vor dem Gesandtenbau gibt es im Sommer Kleinigkeiten wie Spießbratenbrötchen, Bratwurst oder Obazden (Di 11.30–18, Mi–So 11.30–22 Uhr, €).

FESTE FEIERN

Ein Highlight ist die **Residenznacht** am 1. Oktoberwochenende (findet nur unregelmäßig statt, Infos auf www.residenz-wuerzburg.de). Wenn Sie das Glück haben, eine der begehrten Karten zu ergattern, erleben Sie das Schloss in einer besonderen Atmosphäre des Feierns mit Musik und Theater, Trinken und Essen bis in die Nacht und gelangen auch in Bereiche, die man sonst nicht so einfach zu Gesicht bekommt.
Ein besonderes Erlebnis ist auch die **Kleine Nachtmusik** des Mozartfests im Hofgarten.

Cityplan Karte 2, D/E 4/5 | **Tram** 1, 3, 4, 5: Dom | **Bus** 9 ab Juliuspromenade bis Residenz (April–Okt.), 6, 16 ab Juliuspromenade bis Mainfranken Theater

Zweite trifft dritte Dimension

Im folgendem **Kaisersaal,** der sich über die ganze Breite des Mittelpavillons der Gartenfront erstreckt, schufen Neumann, Bossi und Tiepolo ein einzigartiges Raumkunstwerk. Rötlich-weiße Stuckmarmorsäulen und geschwungene Architekturformen lösen die Mauern geradezu auf. Skulptur und Stuck leiten über in die zweidimensionale Welt der Deckenfresken Tiepolos: So ist etwa bei einer Flussallegorie der Körper gemalt, das Bein ragt aber plastisch in den Raum hinein.

Tiepolo stellte Ereignisse aus der Geschichte des staufischen Reiches dar, die mit der des Würzburger Bistums verbunden sind. Auf der südlichen Schmalseite findet die »Trauung Kaiser Barbarossas und der Beatrix von Burgund durch den Würzburger Fürstbischof 1156« statt. Hier kniet der Kaiser vor dem Fürstbischof, auf der »Belehnung des Würzburger Bischofs Herold mit dem Herzogtum Franken durch Kaiser Friedrich Barbarossa auf dem Reichstag zu Würzburg 1168« gegenüber ist es umgekehrt. Im Deckengemälde wird das Hochzeitsthema variiert: Gott Apoll führt im Sonnenwagen die Braut Beatrix von Burgund der Gestalt des jungen Barbarossa zu.

Lichtergott im Kaisersaal: Stuckfigur des Apoll von Antonio Bossi

Wenn der Kaiser zu Besuch kam

Durch ein kleines Flügelportal betreten Sie die **südlichen Kaiserzimmer** (nur mit Führung). Dieser Zimmerflucht entspricht im Norden eine weitere – sind alle Flügeltüren geöffnet, ergibt sich eine Sichtachse von 160 m! Kaiserzimmer sind typisch für den Schlossbau des Barock. Viele der kurfürstlichen und fürstbischöflichen Anwesen, aber auch größere Klöster hielten besonders prunkvoll ausgestattete Zimmer vor für den gelegentlichen Aufenthalt des Kaisers.

Bunte Vögel und Drachen

Der Höhepunkt der kaiserlichen Paradezimmer ist das **Spiegelkabinett.** Hier glitzert und blinkt es, bunte Vögel und fantasievolle Drachen fliegen an den Wänden, man entdeckt fremde Gestalten und wunderbare Blumen und Früchte. Ursprünglich war dieses Zimmer 1740–45 unter Fürstbischof Friedrich Carl von Schönborn als kostbarste Innendekoration der Residenz entstanden. Doch da die Dekorationen fest mit der Wand verbun-

Neben zahllosen interessanten Details, wie etwa einem Elefanten mit falsch angesetzten Ohren und einem in einer Art Schweineschnauze endenden Rüssel (der Maler kannte wohl noch keinen echten), entdeckt man auf der Europa gewidmeten Seite mehrere Künstler der Würzburger Residenz: links der Europa zwischen zwei Atlanten hat sich Tiepolo mit roter Mütze selbst dargestellt, rechts sitzt Balthasar Neumann auf einem Kanonenrohr, neugierig beschnuppert von einem Jagdhund, noch ein Stückchen weiter rechts hüllt sich der Stukkateur Antonio Bossi in einen grau-weißen Mantel.

#1 Fürstbischöfliche Residenz

Wie wurden eigentlich die wertvollen Kristalllüster aus Muranoglas (z. B. im Spiegelkabinett) von Venedig nach Würzburg gebracht? Um Scherben zu vermeiden, tauchte man sie in flüssige Butter, die für den Transport wieder verfestigt wurde – so war auch am Ankunftsort noch alles in Ordnung!

den waren, konnte man sie während des Zweiten Weltkriegs nicht in Sicherheit bringen. Das Spiegelkabinett wurde 1945 komplett zerstört, erhalten blieb einzig ein Spiegelfragment. Dieses, zahlreiche Fotografien und eine Gouache von Georg Dehn (um 1870) dienten zur Rekonstruktion dieses Raumkunstwerks des Rokoko.

Venedig liegt im Norden

Die Ausstattung der **nördlichen Kaiserzimmer** (ohne Führung zu besichtigen) wurden ebenfalls unter Friedrich Carl von Schönborn begonnen, aber erst unter den Nachfolgern fertiggestellt. Die letzten Zimmer zeigen schon einen Übergangsstil vom späten Rokoko hin zum Klassizismus.

In den zum Rennweg hin gelegenen Räumen des Nordflügels werden venezianische Gemälde des 16.–18. Jh. gezeigt. Die **Staatsgalerie** wurde 1974 neu eingerichtet. Im Westen des Nordflügels liegen die **Ingelheimzimmer** (nach Fürstbischof Anselm Franz von Ingelheim) und der **Fürstensaal**, deren klassizistische Innendekorationen (1776–81) die fast 60 Jahre dauernde Bau- und Ausstattungszeit der Residenz abschlossen.

Auf ins Grüne

Die **Hofkirche** 5 betreten Sie nicht durch das ursprüngliche, unscheinbare Portal vom Residenzplatz aus, sondern über den ersten Südhof. Im Inneren des 1743 geweihten Gotteshauses entfaltet sich eine fantastische Raumkonzeption von Balthasar Neumann mit geschwungenen Formen. Die Fenster der Nordostseite der Hofkirche sind übrigens gar keine, sondern Spiegel, die das Licht der Südwestseite zurückstrahlen.

Lust auf etwas Grün? Gut, dass der **Hofgarten** 6 mit seinen wunderschönen Blumenrabatten, Brunnen und Skulpturen frei zugänglich ist. Neben der Hofkirche gelangen Sie durch eines der kunstvoll geschmiedeten Tore von Johann Georg Oegg hinein. Im Osten steigt das Gelände über Terrassen, Rampen und Treppenanlagen an. Geplant hat diesen Teil Johann Prokop Mayer, den flachen Südgarten Johann Michael Fischer. Hinter der Orangerie liegt der Küchengarten. Im Südwesten schließt sich ein von Johann Peter Geigel gestalteter Landschaftsgarten an.

Freuen Sie sich auf das einwöchige **Hofgartenweinfest** des Staatlichen Hofkellers. Keine anderes Weinfest bietet soviel Gartenkunst und Grün! Ende Juni/Anfang Juli, www.hofkeller.de

Von der Romanik bis zur Moderne – **der Dom St. Kilian**

Mit der Religion mag es jeder halten, wie er will – der Dom St. Kilian aber birgt trotz seiner Zerstörung Ende des Zweiten Weltkriegs so viele Kunstschätze, dass sich ein Besuch für alle lohnt. Seine Fassade dominiert die Domstraße im Herzen der Altstadt. Nach einer umfangreichen Renovierung erstrahlen das Äußere wie der Innenraum des viertgrößten romanischen Sakralraums Deutschlands wieder in hellen Farben. ▼

Im Kiliansdom spiegelt sich aber nicht wie in der Residenz eine bestimmte Epoche der Kunstgeschichte wider, sondern seine lange Geschichte lässt sich an Baustilen und Kunstwerken von der Romanik bis zur Moderne ablesen.

Als Bauherr des Doms, an dessen Stelle zwei Vorgängerbauten belegt sind, gilt Bischof Bruno,

Hochverehrt: Die Schädelreliquien der drei fränkischen Heiligen Kilian, Kolonat und Totnan. Der Schrein aus Bergkristall wird alljährlich eine Woche um den 8. Juli (Kiliani) öffentlich ausgestellt.

#2 Dom St. Kilian

Im Dom St. Kilian tagte in den 1970ern die Würzburger Synode, die die progressiven Ergebnisse des Zweiten Vatikanischen Konzils für Deutschland fruchtbar machen sollte.

der um 1040 den Grundstein für ein großes romanisches Gotteshaus legte. Quellen lassen auf einen gewissen Abschluss des Bauprojektes für 1187/88 schließen. Die im Vergleich zu den Westtürmen filigraneren Osttürme aus der Zeit um 1250 markierten schon den Übergang zur Gotik. Zur Zeit der Renaissance wurden Lang- und Querhaus eingewölbt. Die barocke Neugestaltung der Kirche erfolgte zu Beginn des 18. Jh.

Vieles von der Ausstattung und Ausschmückung des Doms ging bei der Bombardierung und dem Stadtbrand 1945 verloren, die Raumschale blieb aber im Wesentlichen erhalten, so dass eine Rekonstruktion des barocken Raums möglich schien. Der spätere Einsturz der Nordwand des Langhauses machte letztendlich aber einen Kompromiss aus der Bewahrung des Erhaltenen und der Schaffung von Neuem nötig.

Äußerlichkeiten

Die Bauform entspricht einer kreuzförmigen Basilika mit Querhaus und Chor mit halbrunder Apsis. Zwei Türme begleiten den Chor, zwei die Westfassade, die heute wieder die neoromanische Gliederung mit Rosette, Blendarkaden

INFOS/ÖFFNUNGSZEITEN

Dom St. Kilian 3: Domstr. 43, www.dom-wuerzburg.de, Mo–Sa 10–18, So/Fei 13–17.30 Uhr

Führung: Osterdienstag–31. Okt. Mo–Sa 12.30 Uhr, Dauer: 1 Std., Erw. 5 €, erm. 4 €, Kinder bis 15 Jahre frei. Karten bei der **Dominfo** am Domvorplatz rechts, T 0931 38 66 29 00, Mo–Sa 9.30–17.30 Uhr. So/Fei keine Führungen!
Domschatz 5: www.dom-wuerzburg.de/musikkunst/domschatz, www.museen.bistum-wuerzburg.de, T 0931 38 66 56 00, z. Zt. geschlossen.

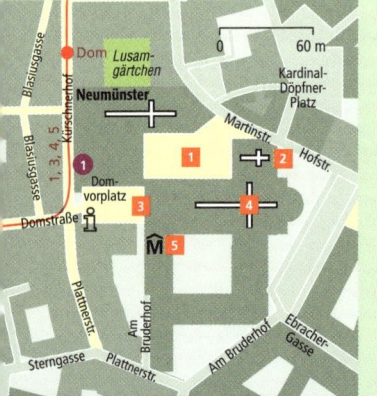

KULINARISCHES FÜR ZWISCHENDRIN

Nach so viel geistiger Erbauung ist Ihnen vielleicht nach etwas Stärkung: Die Gelati im **Café am Dom Bassanese** 1 (Kürschnerhof 2, https://bassanese.de, €) werden in traditioneller italienischer Handwerkskunst hergestellt. Hier gibt es auch Frühstück, Kuchen, Torten und mehr.

und Uhr zeigt. Vom **Kiliansplatz** 1 (ursprünglich Friedhof) lässt sich die Nordflanke betrachten: Hier ist eine Kopie der Grabplatte Tilman Riemenschneiders (Original im Museum für Franken) angebracht. Ebenfalls auf dieser Seite befindet sich der barrierefreie Zugang zum Dom über das **Bonifatiusportal.**

Totengerippe erinnern an und in der **Schönbornkapelle** 2 von Balthasar Neumann an die Vergänglichkeit des Seins. Der Chor wird flankiert von den beiden Osttürmen und zwei Sakristeien. Die **Sepultur**, die Grabkapelle der Domherren, am südlichen Querhaus fasst mit dem **Burkardushaus** (20. Jh.) den Kreuzgang an der Südseite ein.

Innere Werte

Den Hauptzutritt zum Kircheninneren schützt eine Vorhalle. Darin befindet sich das bronzene **Hauptportal** 3 (1964–67) von Fritz König, das die Schöpfungsgeschichte zum Thema hat. Dann trennt zunächst ein Rokokogitter den sakralen Raum von dem profanen. Den Weg durch das Mittelschiff eröffnet der siebenarmige Leuchter aus Bronze, der an das Judentum erinnert.

Die Reihe der **Grabmäler der Würzburger Fürstbischöfe** an den Pfeilern des Hauptschiffs beginnt mit dem zweiten Pfeiler von Westen an der Nordseite mit dem Grabmal von Bischof Gottfried von Spitzenberg (gest. 1190). Die folgenden drei Pfeiler zeigen im Mittelschiff eine Dreikönigsgruppe vom Ende des 13. Jh. Die Grabdenkmäler sind hier an die Westseiten der Pfeiler verrückt.

Riemenschneiders Realismus

Die beiden folgenden Grabmäler sind Arbeiten **Tilman Riemenschneiders** und zeigen eindrücklich den Wandel von der Gotik zur Renaissance, aber auch eine realitätsnahe Darstellung des Alters beim mit über 90 Jahren verstorbenen Fürstbischof Rudolf von Scherenberg.

Die Steinplatte von Fürstbischof Lorenz von Bibra weist bereits mehr Renaissanceformen auf, beide tragen den Krummstab als Zeichen für das geistliche Amt und das Herzogsschwert als Zeichen des weltlichen Titels. Eine Muttergottes aus Lindenholz vor dem Vierungspfeiler wird der Werkstatt Riemenschneiders zugerechnet, ebenso wie ein steinerner Diakon als figürlicher

*Mein persönliches Lieblingsstück ist das in der Mitte des Langhauses stehende einzigartige **Taufbecken** aus Bronze von Meister Eckhard aus Worms. Eine lateinische Inschrift am oberen Rand verrät u. a. das Entstehungsjahr 1279. Das Taufbecken zeigt unglaublich detailreiche Szenen aus dem Leben Christi – beachten Sie etwa das Gewand Mariens bei der Geburt Christi oder das einer Katze ähnliche Wesen bei der Kreuzigung, das wohl das Böse symbolisieren soll.*

#2 Dom St. Kilian

Pultträger am Aufgang zum Altarraum bei dem südwestlichen Vierungspfeiler.

Auf den Mittelpunkt der lichten **Vierung** 4 orientieren sich alle Raumteile des Doms, und hier befinden sich auch die **Schädelreliquien** der Heiligen Kilian, Kolonat und Totnan. Und zwar in einem Bergkristallschrein in einem modernen Altar aus dunklem Marmor, der jedes Jahr zur Eröffnung der Kilianiwallfahrtswoche um den 8. Juli durch die Stadt getragen wird. In der Ostapsis findet der heilsgeschichtliche Bogen, der beim Schöpfungsportal beginnt, seinen Abschluss mit der Darstellung des wiederkehrenden Christus, ein apokalyptisches Motiv nach den Visionen des Johannes, 1987/88 geschaffen von Hubert Elsässer.

In den Querhäusern, der Vierung und dem Chor hat sich die barocke Stuckierung Pietro Magnos (1701–05) erhalten, von dem auch die beiden großen Barockaltäre der Querhäuser stammen. Im nördlichen Querhaus versperren Gitter von Johann Georg Oegg den Zugang zur Schönbornkapelle, die nur im Rahmen einer Führung zugänglich ist.

Abstieg in die Unterwelt

Im südlichen Querhaus liegt der Zugang zur **Krypta.** Dort befindet sich das Grab Bischof Brunos im Zentrum des dreischiffigen östlichen Raums. Auch zwei **Brunnen** ziehen die Aufmerksamkeit auf sich: der St.-Veits-Brunnen und Luciabrunnen. In Letzterem wurden bei seiner Wiederentdeckung tierische Überreste gefunden, die heidnische Rituale vermuten lassen. Im zweischiffigen nördlichen Raum der Krypta, der als neue Bischofsgrablege gestaltet wurde, thematisieren drei großformatige Gemälde von Jacques Gassmann (2012) die Auferstehung und spannen den Bogen der Geschichte des Gotteshauses bis in die Gegenwart.

Salomons Tempel

Den Eingang zum **Domschatz** 5 finden Sie in der Westwand des südlichen Seitenschiffes. Dort erinnern die romanischen Sandsteinknotensäulen Booz (= Macht, Stärke) und Jachim (= gründen, befestigen) an die beiden bronzenen Säulen des Tempels von Salomon in Jerusalem. Der Domschatz selbst zeigt liturgisches Gerät und Gefäße, Grabfunde und bischöfliche Insignien.

Ein Kunstwerk mit ganz eigenem Zauber wurde in den 1960er-Jahren wiedergefunden, als man die Gewölbe der westlichen Krypta freilegte: ein Steinkreuz mit einem bärtigen Männerhaupt, das einen direkt anzublicken scheint. Es soll um das Jahr 1000 nach byzantinischem Vorbild entstanden sein und gilt als älteste erhaltene Skulptur in Würzburg.

Das geistliche Zentrum – **Neumünster und Domherrenhöfe**

Ziemlich morbid diese Entstehungsgeschichte: Am Platz des Neumünsters sollen die drei Frankenapostel ermordet und verscharrt worden sein. Zudem wird im ehemaligen Kreuzgang das Grab des Minnedichters Walther von der Vogelweide vermutet. Zwischen Dom und Neumünster lag bis 1822 ein Leichhof, dessen gruselige Stimmung man aber allenfalls abends auf dem heutigen Kiliansplatz nachspüren kann ...

Laut Legende waren die drei irischen Mönche Kilian, Kolonat und Totnan um 690 nach Würzburg an den Hof Herzog Gozberts gekommen. Dieser ließ sich anstandslos zum Christentum bekehren – das Problem war nur seine Frau: Gailana war

Ein Ort der Ruhe: das Lusamgärtchen mit seiner romanischen Arkadenreihe

#3 Neumünster und Domherrenhöfe

> **▶ LESESTOFF**
>
> 1416: Große Aufregung herrscht kurz vor dem Kilianstag am 8. Juli in Würzburg: Die Reliquien der Frankenapostel Kilian, Kolonat und Totnan wurden gestohlen! Nur wenige Tage bleiben Berengar von Gamburg und Bruder Hilpert von Maulbronn, den Fall zu lösen. **Die Kiliansverschwörung** (Gmeiner), ein historischer Roman von Uwe Klausner, entführt Sie ins mittelalterliche Würzburg.

die Witwe seines verstorbenen Bruders, was in der damaligen Kirche nicht gerne gesehen war, weshalb die Mönche auf Scheidung drängten. Das wollte sich Gailana nicht gefallen lassen, ließ die drei ermorden und ihre Leichname unter dem herzoglichen Pferdestall verscharren, der sich angeblich genau an der Stelle des heutigen **Neumünsters** 1 befand. Der erste Bischof Würzburgs, Burkard, fand die Überreste. Zunächst wurde ein Memorialbau errichtet, um 1060 von Bischof Adalbero das Stift Neumünster gegründet.

Steht man vor der Westfassade des ehemaligen Kollegiatstiftes beeindruckt die Dynamik der geschwungenen Bauteile. Bei einem barockisierenden Umbau schufen zwischen 1712 und 1716 der Architekt Joseph Greising, der Franziskaner Kilian Stauffer und die Bildhauer Balthasar Esterbauer und Jakob van der Auvera die Eingangsfront des Neumünsters aus rotem Sandstein. Auf

INFOS/ÖFFNUNGSZEITEN

Neumünster 1: www.neumuenster-wuerzburg.de, Mo–Fr 8–17, Sa, So, Fei 9–17 Uhr, vorbehaltlich Schließungen aufgrund von Gottesdiensten oder Konzerten. Das Neumünster ist über den Seiteneingang zum **Lusamgärtchen** 2 barrierefrei zugänglich. Gruppenführungen können bei der Dominfo (▶ S. 26) gebucht werden.

KULINARISCHES FÜR ZWISCHENDRIN

Le Candele 1 ist ein italienisches Restaurant im ehemaligen Gartenpavillon (1710) der Kurie Uissigheim. Schön sitzt es sich auch auf der Terrasse, von der Sie das Treiben auf der Straße im Blick haben (Spiegelstr. 10, T 0931 47 08 50 04, www.ristorante-le-candele.de, €–€€).

FESTE FEIERN

Zu Ehren des Frankenapostels wird das größte Volksfest in Mainfranken veranstaltet. Die Feierlichkeiten gruppieren sich um den 8. Juli mit der Kiliani-Wallfahrt, Trachtenfestzug, Volksfest mit zahlreichen Fahrbetrieben, einem riesigen Bierzelt auf der Talavera (linke Mainseite) und einer Verkaufsmesse auf dem Marktplatz (www.wuerzburg.de).

dem Kiliansplatz zeigt sich hingegen die romanische Seite der Kirche mit Zickzack- und Rundbogenfriesen, Eckpilastern und Halbsäulen.

Der Innenraum wurde ab 1725 im Wesentlichen von den Brüdern Dominikus und Johann Baptist Zimmermann barock überformt, die Ausmalung der Kuppel führte der Münchner Hofmaler Nikolaus Stuber aus. Man findet heute eine spannende Komposition des barocken Raums und erhaltener Ausstattungsstücke mit zeitgenössischen Kunstwerken vor (z.B. die Gemälde von Thomas Lange mit Szenen aus dem Johannes-Evangelium an den Hochschiffwänden).

Besonders sehenswert in der Fülle der Kunstwerke ist das gotische **Schmerzensmannkreuz** in der Nordostecke unter der Kuppel, das 1350 als Bruderschaftsbild der Kreuzbruderschaft geschaffen wurde und bei dem Christus sich auf ungewöhnliche Weise die Hände mit den brutal großen Nägeln vor den Körper hält. Gegenüber steht eine steinerne **Madonna mit Jesuskind** von Tilman Riemenschneider (1493). Das am Chorbogen hängende Kreuz ist ein Nürnberger **Echthaarkruzifix** aus der Zeit von 1470 bis 1510. Die Büsten der Frankenapostel krönen die Mauer zum Hochaltar – es sind Kopien von Heinz Schiestl nach den Originalen von Riemenschneider, die am 16. März 1945 verbrannten.

Ein Besuch bei den Frankenaposteln

Direkt nach dem Haupteingang führen von Seitenräumen links und rechts zwei Treppen hinab in die barocke **Kiliansgruft.** Der 1250 geschaffene Kastenaltar mit den schönen Blattkapitellen trägt den modernen Kiliansschrein von Heinrich Gerhard Bücker (1986/87), in dem die Gebeine der Frankenapostel aufbewahrt werden.

Das Grab des Minnesängers

Durch ein Portal im nördlichen Seitenschiff des Neumünsters (barrierefreier Zutritt; anderer Zugang von der Martinstraße) gelangen Sie in das **Lusamgärtchen** 2, den ehemaligen Kreuzgang des Kollegiatstiftes. Erhalten hat sich von diesem nur eine romanische Arkadenreihe mit den Reliefbildern des thronenden Christus und des segnenden Kilian, die zu den frühesten Bildhauerwerken Würzburgs gezählt werden. Der Garten

Es geht rund auf dem Kiliani-Volksfest. Zwei Wochen um den Gedenktag des Heiligen am 8. Juli locken die Fahrgeschäfte und Festzelte auf der Talavera.

#3 Neumünster und Domherrenhöfe

des Kreuzgangs diente über das Mittelalter hinaus als Begräbnisstätte, und so soll auch das **Grab** des Minnesängers **Walther von der Vogelweide** hier gelegen haben. Daran erinnert ein von Fried Heuler 1930 geschaffener Gedenkstein.

Die Domherren ziehen um

Das Gebiet östlich und südlich von Dom und Neumünster war für Jahrhunderte das geistliche Zentrum der Stadt. Hier bauten die Domherren, während Bürger und Adelige andere Viertel vorzogen. Hatten die Geistlichen zunächst zusammen am Bruderhof gewohnt (woran noch die Straßenbezeichnung erinnert), begannen sie ab etwa 1200 ihre eigenen prächtigen Anwesen zu errichten.

Hinter der barocken Schönbornkapelle des Doms liegt links die Kurie ad St. Gallum, heute **Guttembergpalais** 3 (1710). Rechts erstreckt sich die klassizistische Fassade des **Hofes Rannenberg** 4. Zwischen diesen beiden hindurch erreichen Sie den Kardinal-Döpfner-Platz, dessen beeindruckendster Bau sicher die **Kurie Conti** 5 mit ihrem schönen Renaissanceerker und Zwerchgiebel ist. Er wurde 1588–1609 für einen Neffen Julius Echters erbaut und war ab 1817 Bischofssitz. Es schließt sich die **Kurie Maßbach** 6 mit ihrem Treppengiebel an. Ebenfalls an diesem Platz befindet sich das Torhaus der **Kurie Weinsberg** 7 von 1796 im Empirestil mit einer Fruchtgirlande über dem Tor. Die **Kurien Seebach und Heideck** 8 in der Domerschulstraße beherbergen die Theresienklinik. Auch wenn Krieg und Städteplanung viele der ursprünglich fast dreißig Bauten zerstört haben, werden Sie doch bei einem Spaziergang durch die Gassen hinter dem Dom so einige Spuren (Portale, Wappen oder Skulpturen) der Domherren an den neueren Gebäuden entdecken.

Auf dem schlichten Quader des Gedenksteins für Walther von der Vogelweide werden oft Blumen von frisch oder unglücklich Verliebten abgelegt. Wer ihn genauer betrachtet, entdeckt einmal die Inschrift »Herr Walther von der Vogelweide, swer dez vergaeze, der taet mir leide« und dann kreisrunde Vertiefungen auf der Oberseite des Steins. Gedacht sind diese für Vogelfutter und Wasser, da sich der Minnesänger laut Legende gewünscht haben soll, dass man die Vögel an seinem Grab füttere. Mag der Minnesänger dort bestattet sein oder nicht – in jedem Fall ist das Lusamgärtchen ein schöner, schattiger und romantischer Ort, an dem man der Hektik der Stadt für kurze Zeit entfliehen kann.

> → UM DIE ECKE
>
> Haben Sie ein Faible für die Architektur der 1950er-Jahre? Dann sollten Sie mal in die Hofstraße zwischen Dom und Residenz schauen. Das denkmalschützte **Mozartgymnasium** 9, war eigentlich dem Abriss geweiht. Für seinen Erhalt wurde aber ein erfolgreiches Bürgerbegehren angestrengt, so dass das Gebäude zumindest in seiner äußeren Form erhalten bleibt.

Das bürgerliche Zentrum – **Marktplatz mit Marienkapelle**

Schürzen und Socken, Kochlöffel und Keramik, Gewürze und kulinarische Genüsse erwarten Sie zu den Messen auf dem Marktplatz. Dort liegen aber auch die einzige Bürgerkirche Würzburgs, die gotische Marienkapelle mit den berühmten Figuren Adam und Eva von Tilman Riemenschneider, und das ehemalige Gasthaus zum Falken (Falkenhaus) mit seiner verspielten Rokokodekoration.

Lebhaftes Treiben herrscht auf dem Marktplatz Würzburgs, der sich in den Oberen und Unteren Markt teilt. Auf dem **Unteren Markt** 1 stehen fest installierte Marktbuden, deren Angebot von Gemüse und Obst über Bratwurst und andere Imbis-

Marktstände bieten frische fränkische Erzeugnisse und mehr zu Füßen des Obelisken und der Marienkapelle.

#4 Marktplatz mit Marienkapelle

Im Gegensatz zu ihrer Umgebung steht die moderne Architektur des **Forum-Hauses der VR-Bank** auf dem Marktplatz mit seinen Muschelkalklamellen und dem auffälligen Glasdach. Als es 2008 gebaut wurde, sorgte es für allerhand Aufregung in der Stadt, besonders, weil es den Blick auf die Festung verstellte. Inzwischen hat man sich schon fast daran gewöhnt …

se bis hin zu Fisch reicht. Dazu kommen an den Markttagen noch die Stände der Bauern aus dem Umland (›Grüner Markt‹ und Spezialitätenmarkt). Diese müssen allerdings an den Vierröhrenbrunnen ausweichen, wenn die ›Messen‹ stattfinden: die Frühjahrsmesse, die Kilianimesse im Juli und die Allerheiligenmesse oder ›Häfelesmess‹ (Häfele heißt im Fränkischen ein kleiner Topf oder eine Tasse) im Herbst. Dann wird an alles Mögliche von Haushaltswaren, Kinderspielzeug und Kleidung bis hin zu Tees angeboten.

Rokoko ist süß

Sehenswertestes Gebäude am **Oberen Markt** 2 ist das **Haus zum Falken** 3 mit seiner auffälligen Rokokofassade. Für die Verschönerung des Gasthauses erhielt die Wirtin 1751 immerhin acht Jahre Steuererlass. In dem Haus mit dem Raubvogel an der Giebelspitze sind die mehrfach preisgekrönte Stadtbücherei und die Tourist Information untergebracht.

Warum nicht Kirche?

Westlich des Falkenhauses erhebt sich der beeindruckende spätgotische Chor der **Marienkapelle** 4. Angesichts ihrer Größe fragt man sich unwillkürlich, warum dieses Gotteshaus Kapelle genannt wird. Das liegt daran, dass sie von den Bürgern Würzburgs erbaut wurde und der Fürstbischof diesen die pfarrkirchlichen Rechte verwehrte: Bis heute darf sie sich nicht Kirche nennen und hat keinen eigenen Pfarrer. Über 100 Jahre dauerte es von der Grundsteinlegung 1377 bis zur Fertigstellung des Turmes 1479. Erst 1490 erhielt Tilman Riemenschneider vom Stadtrat den Auftrag für die Skulpturen an der Schauseite der Kapelle. Am berühmtesten sind die Figuren von Adam und Eva, die das Westportal flankieren, über ihnen an den Strebepfeilern die Apostel und Christus Salvator.

An den Außenbau der Marienkapelle schmiegen sich an der Südseite Kramlädchen, die wohl ursprünglich Hütten der Bauleute waren, später dann aber an Händler vermietet wurden. Eine andere Erklärung lautet, dass man u. a. mit der Vermietung der Läden den Bau der Kirche finanzierte. Heute findet man in den mittelalterlich anmutenden Häuschen ein buntes Sammelsurium vom Optiker über Cafés bis hin zu den Filialen

Stachelig: Das Zeichen eines Morgensterns verweist auf das alteingesessene Weinhaus Zum Stachel mit seinem schönen Innenhof.

Marktplatz mit Marienkapelle #4

des alteingesessenen **Kerzenhandels Max Jakob** 🛍️
und des Qualitätsmetzgers **Schömig** 🛍️.

Obwohl die Marienkapelle am 16. März 1945 stark zerstört wurde und viele Kunstwerke verlorengingen, birgt der hohe dreischiffige Innenraum sehenswerte Schätze. An die Bedeutung der Marienkapelle als Ort der Bestattung erinnern die an den Langhauswänden aufgestellten Grabdenkmäler. An den Baumeister der Residenz, Balthasar Neumann, der die 1753 mit militärischen Ehren bestattet wurde, erinnert nur noch eine bronzene Gedenktafel an einem Pfeiler des Mittelschiffs rechts vom Eingang.

Vermessen und geknickt

Inmitten des regen Treibens auf dem unteren Markt fällt ein 15 m in den Himmel ragender **Obelisk** 5 ins Auge. An diesen sind an der Ost- und Westseite jeweils ein Brunnenbecken angeschlossen, weshalb er auch **Marktbrunnen** genannt wird. Dieses markante Denkmal aus heimischem Muschelkalk schuf zu Beginn des 19. Jh. Johann Andreas Gärtner, 1881 wurden die antikisierenden Reliefs nach Zeichnungen von Johann Martin von Wagner angebracht. Mag man sich über den Sinn des Obelisken auch nicht ganz einig sein – manche halten ihn für einen Vermessungspunkt, andere sagen, Ägyptisches sei damals halt gerade Mode gewesen –, so ist er heute jedenfalls ein beliebter Treffpunkt, insbesondere, da der **Bratwurststand Knüpfing** 1 nur wenige Meter entfernt liegt: Seit Jahrzehnten wird hier die ›Geknickte‹ verkauft. Gemeint ist eine original Würzburger Bratwurst, die geknickt in einem Kipf (längliches Brötchen) gereicht wird. Möchten Sie eine mit Senf, bestellen Sie einfach eine ›mit‹.

Der Stachel hängt hoch

Gediegener speisen Sie im historischen Ambiente des Weinhauses und Restaurants **Zum Stachel** 2 hinter der Marienkapelle. Das älteste Weinhaus der Stadt entstand 1413 wohl als Weinausschank für die Bauarbeiter der Marienkapelle, während des Bauernkriegs trafen sich hier die Anführer der Aufständischen – als Zeichen wurde der Morgenstern (Stachel) aus dem Fenster gehängt, der als Wirtshauszeichen geblieben ist. Besonders schön ist auch der verwinkelte Innenhof.

SELTSAM

Sind auch die Tympana des Südportals (Krönung Mariens) und Westportals (Jüngstes Gericht) der Marienkapelle durchaus sehenswert, so zeigt das Tympanon des Nordportals eine einzigartige bildliche Umsetzung der Verkündigung an Maria. Zu sehen sind, wie bei anderen Darstellungen ebenfalls üblich, der Erzengel Gabriel und Maria, über ihnen schwebt Gottvater. Ungewöhnlich ist jedoch, dass vom Mund Gottes eine Art Schlauch zu Mariens Ohr führt, auf dem freudestrahlend das kleine Jesuskind bäuchlings zu Maria rutscht.

#4 Marktplatz mit Marienkapelle

INFOS/ÖFFNUNGSZEITEN
Grüner Markt: Di, Mi, Fr 7–18, Sa 7–16 Uhr
Spezialitätenmarkt: Di, Mi, Fr 8–18, Sa 8–16 Uhr
Seit über 125 Jahren gibt es im **Kerzenhandel Max Jakob** 🛈 Qualitätskerzen für jede Gelegenheit (im Kramlädchen der Marienkapelle, noch mehr Auswahl im Hauptgeschäft, Bronnbachergasse 18a, T 0931 527 31, www.max-jakob.de, Mo–Fr 8.30–17, Sa 9–13 Uhr): Original Würzburger Rostbratwürste, Presssack rot und weiß, geräucherte Blut- und Leberwürste – wer kein Vegetarier ist, fühlt sich in **Schömigs Metzgerlädele** 🛈 an der Marienkapelle wie im Paradies. Und für den kleinen Hunger gibt es frische LKW (Leberkäsweck) mit ABS (a bissl Senf) (T 0931 27 19 37, www.schoemig-lengfeld.de, Mo–Sa 10–15 Uhr).
Regional, inklusiv, nachhaltig – auf diesen Dreiklang lässt sich das Konzept des Marktstands **MainWerk** 🛈 bringen. Alle angebotenen Produkte werden von Menschen mit Handicap hergestellt, wobei die Palette von Töpferwaren über Holzspielzeug für Kinder bis zu Honigvarianten reicht (Marktstand 7, T 0931 45 26 88 15, www.mainwerk-marktstand.de, Mo–Fr 10–18, Sa 9–14 Uhr).

Quer zum Oberen Markt liegt die Einkaufsmeile **Schönbornstraße** mit den größten Kauf- und Modehäusern; einen architektonischen Akzent setzt das neue Einkaufszentrum **Hof Emeringen** 🛈, dessen Gebäude einen ›Knick‹ hat.

KULINARISCHES FÜR ZWISCHENDRIN
Bratwurststand Knüpfing ❶: Unterer Markt, T 0931 517 33, Mo–Fr 9.30–18, Sa 10–17 Uhr, €
Weinhaus zum Stachel ❷: Gressengasse 1, T 0931 527 70, www.weinhaus-stachel.de, Di ab 17, Mi–Fr 11.30–15.30, 17–23 Uhr, €–€€.
»Kompromisslose Frische« haben sich **Dean & David** ❸ auf die Fahne geschrieben. Und so finden Sie hier leckere Salate, Sandwiches, Wraps, Currys und Suppen, die zeigen, dass Fastfood nicht automatisch ungesund sein muss. Frische Säfte und unterschiedliche Smoothies runden das Angebot ab (Maulhardgasse 11, T 0931 45 25 86 26, www.deananddavid.com, Mo–Fr 11–19, Sa/So 12–19 Uhr, €).
Haben Sie Lust auf eine gesunde Erfrischung? Dann geben Sie sich einen Vitaminkick mit einem frisch gepressten Fruchtsaft vom **Saft- und Marktlädele** ❹, nur wenige Schritte vom Obelisk entfernt (Unterer Marktplatz, T 0931 561 23, www.saft-und-marktlaedele.de, Mo–Fr 7–18, Sa 7–16 Uhr).

FESTE FEIERN
Am Freitag vor dem ersten Advent eröffnet der stimmungsvolle **Weihnachtsmarkt,** auf dem die Glühwein- und Feuerzangenbowlenstände großen Zulauf haben. Und was wäre der Marktplatz ohne Weinfeste? Zweimal im Jahr fließt hier der Frankenwein: Das **Würzburger Weindorf** findet Ende Mai/Anfang Juni statt (www.weindorf-wuerzburg.de), die **Weinparade** Ende Aug./Anfang Sept. (www.weinparade.de).

Im Herzen der Stadt – **Alte Mainbrücke und Rathaus**

Im Herzen der Stadt Würzburg befinden Sie sich auf der Alten Mainbrücke mit ihren Heiligenfiguren: Der bis ins 19. Jh. einzige Flussübergang verbindet die beiden Altstadtbereiche und führt vom Mainviertel in Richtung Dom auf das Rathaus zu.

Steht man vor dem Würzburger **Rathaus** 1, kann man den gesamten Komplex zunächst gar nicht erfassen – aus zu vielen verschiedenen Bauteilen besteht der einstige Sitz der Ratsherren und heutige Arbeitsplatz des Stadtrates und des Bürgermeisters sowie vieler verschiedener Ämter. Auch ein Haupteingang drängt sich nicht gerade in den Vordergrund, und wenn man sich in dem

Zwölf große Figuren bewachen die Alte Mainbrücke. Hier blicken Sie auf den Rathausturm und die Domfassade.

#5 Alte Mainbrücke und Rathaus

Gebäudekonglomerat befindet, ist es oft nicht ganz einfach, seinen Weg zu finden. Wählen Sie den Standort vor dem Vierröhrenbrunnen auf dem Rathausplatz Beim Grafeneckart, fällt Ihr Blick bestimmt zuerst auf den frisch renovierten Gebäudeteil mit Turm und gemaltem Baum. Teile dieses Gebäudes stammen noch aus der Romanik, erwähnt wurde es erstmals 1180. Namensgeber dieses Teils des Rathauses war sein zweiter Besitzer Graf Eckhart.

1316 erwarb die Bürgerschaft den Bau und nutzte ihn als Rathaus. Die Baumdarstellung (1597) an der südlichen Fassade verweist möglicherweise auf eine Gerichtslinde, die einmal in der Nähe stand. Das Rathaus wurde im Laufe der Jahrhunderte immer mehr erweitert: Links daneben befindet sich der sog. **Rote Bau** im Stil der Spätrenaissance mit der Jahreszahl 1659 und bildet (geschmückt mit drei schönen Keilsteinfratzen) den Eingang des Rathauses von dieser Seite. Im Norden wurde im 19. Jh. das ehemalige Kloster der Beschuhten Karmeliten hinzugekauft.

Wo ist das Vögelchen? Wenn Sie die Baumdarstellung auf dem Rathaus genauer betrachten, entdecken Sie vielleicht den Vogel und sein Nest. Außerdem schmücken eine Turm- und eine Sonnenuhr diesen Teil des Gebäudes.

Wo man Könige empfing

Nehmen Sie im Sommerhalbjahr an einer der kostenlosen Rathausführungen am Samstagvormittag teil, haben Sie die Gelegenheit, den schönen **Wenzelssaal** zu besichtigen. Gestützt von einer mächtigen Säule sind noch gemalte Sterne im Gewölbe des mittelalterlichen Raumes aus dem 13. Jh. zu erkennen, und im schönen Knospenkapitell hat der Künstler viele verschiedene Köpfe versteckt. Funktion des Saals war wohl damals wie heute der Empfang hoher Gäste (1397 etwa König Wenzel), außerdem kann man sich hier auch trauen lassen. Neben diesem beeindruckenden Raum darf man gemütlich in den Sesseln der Stadträte sitzend im Ratssaal der interessanten Stadtgeschichte Würzburgs lauschen, die auch die Wände schmückt (1984–87 vom Würzburger Künstler Wolfgang Lenz geschaffen) und lernt den Wappensaal kennen.

Raum des Gedenkens

An den Bombenangriff vom 16. März 1945 erinnert ein Gedenkraum im Erdgeschoss des Grafeneckart. Ein **Stadtmodell** veranschaulicht, dass damals fast 90 % der Altstadt zerstört wurden und

Alte Mainbrücke und Rathaus #5

über 5000 Menschen starben. Ein **Nagelkreuz aus Coventry** hat hier als Zeichen der Versöhnung seinen Platz. Das Rathaus ist aber nicht nur ein Platz der Politik: Dem Genuss ist der **Ratskeller** ❶ gewidmet, wo in den schönen Stuben und im idyllischen Innenhof traditionsreiche, fränkische Küche mit regionalen Produkten und auch internationale Spezialitäten auf den Tisch kommen.

Delfinessen

Vor dem Rathaus, auf dem Weg zur Alten Mainbrücke und damit an der ehemaligen Hauptverkehrsader der Stadt, plätschert Wasser aus den Mäulern von vier Delfinen: Der **Vierröhrenbrunnen** ❷ ist ein beliebter innerstädtischer Treffpunkt für Einheimische und Besucher sowie für Führungen, etwa die des Nachtwächters (▶ S. 113). Schon im Mittelalter soll es hier einen Ziehbrunnen gegeben haben. Als 1733 Balthasar Neumann die erste städtische Wasserleitung legen ließ, entstand hier der erste öffentliche Laufbrunnen, der etwa drei

---

INFOS/ÖFFNUNGSZEITEN
Rathaus ❶: Von Anfang Mai bis Ende Okt. bietet das Bürgerbüro der Stadt Würzburg jeden Sa 11 Uhr kostenlose Führungen durch das Rathaus an (mehr über www.wuerzburg.de). Treffpunkt: Rathaushof gegenüber dem Vierröhrenbrunnen, Dauer: ca. 1,5 Std.

KULINARISCHES FÜR ZWISCHENDRIN
Ratskeller ❶: Langgasse 1, T 0931 130 21, www.wuerzburger-ratskeller.de, tgl. 10–24 Uhr, €€
Neben dem großen Kaufhaus Wöhrl an der Ecke zur Alten Mainbrücke genießen Sie bei **Fontana** ❷ Eiskreationen mit ausgesuchten Zutaten, italienische Kaffeespezialitäten und mediterrane Küche (Beim Grafeneckart 8, T 0931 329 21 80, www.eiscafe-fontana.com, So–Do 10–24, Fr/Sa bis 1 Uhr, €–€€).
Im Sommer haben Sie von der Terrasse der **Hoch³ Skylounge** ❸ im 3. Stock des Modehauses Wöhrl einen herrlichen Blick auf die Alte Mainbrücke und die andere Mainseite mit Kaffeespezialitäten und Kleinigkeiten wie Croissants und Kuchen oder belegten Baguettes. Bei kühleren Temperaturen bietet das Café durch die Glasfassade eine prima Aussicht auf den Platz um den Vierröhrenbrunnen (im Modehaus Wöhrl, Beim Grafeneckart 10, T 0931 47 08 85 55, www.hoch3-skylounge.de, Mo–Do 10–21, Fr/Sa 10–22 Uhr, €–€€).

Cityplan Karte 2, A/B 4 | **Tram** 1, 3, 4, 5: Rathaus

#5 Alte Mainbrücke und Rathaus

Nach der immer wieder gern erzählten Legende soll aus dem Vierröhrenbrunnen bei barock ausschweifenden Festen auch Wein geflossen sein ...

Jahrzehnte später durch diesen größeren und repräsentativeren ersetzt wurde. Die Pläne und ein Teil der Figuren stammen von Lukas Anton van der Auvera, für die weitere Ausführung war Johann Peter Wagner verantwortlich. Der 1765/66 vollendete Wasserspender ist über den Delfinen mit je einer Personifikation der Kardinaltugenden (Stärke, Weisheit, Gerechtigkeit, Mäßigung) geschmückt. Den Obelisken krönt die Frankonia mit Herzogshut, Sturmfahne und Schwert.

Von Heiligen begleitet

Dass das Kopfsteinpflaster auf der **Alten Mainbrücke** 3 einer der schönsten Plätze Würzburgs ist, wissen die Würzburger schon lange – jetzt haben sie es auch noch ›schriftlich‹: In der Online-Ausgabe des Reportagemagazins Geo wurde der älteste Mainübergang der Stadt auf Platz 8 der zehn schönsten deutschen Brücken gewählt und steht dabei neben so berühmten Bauwerken wie der Krämerbrücke in Erfurt oder der Basteibrücke in der Sächsischen Schweiz.

Baumeister Enzelin sorgte bis 1133 für eine erste Flussüberquerung an der Stelle einer früheren Furt, die ab 1476 durch einen kompletten Neubau ersetzt wurde: Die massiven Pfeiler wurden bis Ende des 16. Jh. fertig, der letzte Bogen aus Stein aber erst 1703 eingewölbt. Bis 1886 war die Alte Mainbrücke der einzige Flussübergang.

Bewacht wird sie von zwölf monumentalen steinernen **Barockstatuen,** was ein bisschen an die Karlsbrücke in Prag erinnert. Die verschiedenen Heiligen, Maria und Karl der Große wurden unter den Fürstbischöfen Christoph Franz von Hutten und Friedrich Karl von Schönborn geschaffen.

Unter ihren steinernen Augen hat sich in den letzten Jahren eine neue Tradition gebildet: Hier genießt man im Herzen der Stadt seinen ›Brückenschoppen‹ unter freiem Himmel. Silvaner, Scheurebe, Bacchus, Rotling oder andere fränkische Traubensäfte gibt es im **Caféhaus Brückenbäck** (www.cafehausbrueckenbaeck.de), beim Restaurant **Alte Mainmühle** (www.alte-mainmuehle.de), beim **Mainwein Weinbistro** der Winzergemeinschaft Franken (www.gwf-frankenwein.de) oder dem **Biobistro Köhlers** (www.koehlers-vollkornbaeckerei.de).

Eine fürstbischöfliche Stiftung – **das Juliusspital**

Krankenhaus, Weingut, Rokoko-Apotheke und Gartenpavillon – das 1576 von Fürstbischof Julius Echter von Mespelbrunn gegründete Juliusspital vereint bis heute unterschiedliche Funktionen und lohnt mit seinen verschiedenen Bauten, dem Park und den ausgedehnten Weinkellern unbedingt einen Besuch.

Der Kern des alten Juliusspitals ist ein vierflügeliger Bau um einen Innenhof. Der zur Juliuspromenade gelegene Südflügel ist der unter Fürstbischof Franz Ludwig von Erthal zuletzt erbaute Teil des ursprünglichen Spitals. Der klassizistische Bau des Hofbaumeisters Johann Philipp Geigel wurde 1793 vollendet.

Die Flussallegorien von Main, Tauber, Sinn und Saale gießen ihr Wasser in den Gartenbrunnen des Juliusspitals. Jakob van der Auvera schuf den fränkischen Vierströmebrunnen Anfang des 18. Jh.

#6 Juliusspital

AUFGABEN

Im Durchgang zwischen Innenhof und Park des Juliusspitals erblickt man an der linken Wand ein großes Relief von Hans Rodlein, die **Steinerne Stiftungsurkunde.** Es zeigt die Aufgaben der Stiftung: Armenunterstützung, Krankenpflege, Pilgerbeherbergung, Aufnahme von Waisen und Findelkindern.

Der erste Bau des Juliusspitals erfolgte nach Plänen des kurmainzischen Architekten Georg Robyn, der auch die Entwürfe für die Universitätskirche lieferte. 1699 zerstörte ein Feuer den Mittelteil des Nordtraktes. Fürstbischof Johann Philipp II. von Greiffenclau-Vollraths beauftragte daraufhin den Barockarchitekten Antonio Petrini mit dem Neubau. Nach dessen Tod übernahm Joseph Greising die Bauleitung. Deutlich erkennbar ist beim **Petrinibau** 1 der Fürstenbau, der sich in seiner Ausschmückung von den schlichteren Seitenflügeln abhebt. Er diente vor dem Bau der Residenz als Stadtwohnung des Fürstbischofs.

Schmuckstück des Rokoko
Hinter der rechten Arkadenreihe im Innenhof verbirgt sich ein Schmuckstück des Rokoko: die

INFOS/ÖFFNUNGSZEITEN
Stiftung Juliusspital, Juliuspromenade 19, T 0931 393-0, www.juliusspital-weingut. de. **Themenführungen** (März–Mitte Dez., Treffpunkt Figurenbrunnen im Park, Dauer ca. 1,5 Std. inkl. kleiner Weinprobe 17 €/Pers., Onlinebuchung erforderlich): »Blicke hinter die Kulissen« Fr 16, 17, Sa 14, 15, 16, 17 Uhr (Juni–Aug. auch 18 und 19 Uhr), »Die Stiftung und ihr Weingut« So 10.30 Uhr (Geschichte, historische Gebäude, Rokoko-Apotheke und Eichenfasskeller)

KULINARISCHES FÜR ZWISCHENDRIN
Weinstuben Juliusspital 1: Juliuspromenade 19/Ecke Barbarossaplatz, T 0931 540 80, www.weinstuben-juliusspital.de, So–Do 11–23, Fr/Sa 11–24 Uhr, €€. Regionale Gerichte verbinden sich mit den guten Schoppen zu einem einzigartigen Genuss. Bekannt für Wild- und Fischspezialitäten. Nach 18 Uhr können Sie hier die Weine zu Weingutspreisen mitnehmen.
Die **Bäckerei** 2 im Juliusspital wird von einem Bäcker aus dem Umland betrieben und öffnet schon in aller Herrgottsfrühe (T 0931 534 23, www. baecker-scheckenbach.de, Mo–Fr 5.30–17, Sa 5.30–13 Uhr).

WEINKAUF
Vinothek Silvaner-Haus in der Zehntscheune 1: Klinikstr. 8, T 0931 393 14 00, Mo–Mi 10–16, Do/Fr 10–19, Sa 10–16 Uhr. Verkosten Sie hier die Weine des Juliusspitals unter fachkundiger Beratung. Die Verkaufsstube liegt auf dem Gelände der Stiftung, der Eingang befindet sich an der Klinikstraße.

Juliusspital #6

Von Aspirin bis Zinksalbe wurden hier Arzneien für das Juliusspital hergestellt. Eine absolute Seltenheit ist die original erhaltene Ausstattung der Apotheke.

Apotheke des Juliusspitals (zugänglich mit Führung). Sie ist neben der Hofapotheke zu Salzburg die letzte dieser Art. 1760–65 wurde sie von Künstlern, die auch an der Residenz mitwirkten, prachtvoll ausgestattet: Franz Andreas Thalheimer bemalte die Kreuzgewölbe mit den Allegorien der vier Elemente, Antonio Bossi stuckierte, das Gitter über dem Rezepturtisch schuf Johann Georg Oegg, und die geschnitzten Figuren der Vier Jahreszeiten an den Arzneischränken stammen von Johann Peter Wagner.

Hortus medicus

Im vor dem Fürstenbau gelegenen **Garten** 3 wurden einst die Heilkräuter für die Krankenversorgung angebaut. Er gilt als Vorläufer des heutigen Botanischen Gartens der Universität Würzburg, der sich außerhalb der Altstadt am Dallenberg befindet. Ein Verzeichnis aus dem Jahre 1722 nennt 423 Arten von Pflanzen, die im *hortus medicus herbipolensis* gediehen. Heute dient die Grünfläche mit alten und seltenen Bäumen (u. a. Elefantenohrbaum, Götterbaum und eine immergrüne Eiche) der Erholung. Beachtung verdient der zentral gelegene **Brunnen** 4 des Bildhauers Jakob van der Auvera (1706): Unter einem Greifen, dem Wappentier derer von Greiffenclau, sind die Allegorien der vier wichtigsten fränkischen Flüsse dargestellt – Main, Tauber, Sinn und Saale.

Alte Anatomie

Im Park befindet sich auch der als Alte Anatomie bezeichnete **Gartenpavillon** 5, der Anfang des 18. Jh. von Joseph Greising für Fürstbischof Karl Philipp von Greiffenclau errichtet worden war. We-

E ECHTER

Gegenüber dem Juliusspital schaut die **Skulptur des Fürstbischofs Julius Echter** 6 seit 1847 streng nach Osten, in der einen Hand den Bischofsstab, die andere zum Segen erhoben. Der Fürstbischof ist im Stadtleben von Würzburg allgegenwärtig: Nicht nur Wappen auf zahlreichen Gebäuden weisen auf ihn hin, auch die Promenade heißt so, es gibt einen Verlag mit seinem Namen, die Echter-Galerie und sogar ein Weißbier. 1545 in Mespelbrunn geboren, wurde er 1573 zum Fürstbischof gewählt und blieb es 44 Jahre lang. In seine Ära fallen die Stiftung der Universität und die Gründung des Juliusspitals, aber auch die Verfolgung von Protestanten, Juden und Hexen.

#6 Juliusspital

Edle Tropfen des Juliusspitals in der für besseren Frankenwein typischen Flaschenform, dem Bocksbeutel.

Zahlreiche internationale Auszeichnungen wurden den Weinen des Juliusspitals verliehen, in 26 Länder werden die Weine geliefert, die u.a. Queen Elizabeth II. besonders schätzte: Ihr Krönungswein war ein 1950er Iphöfer Julius-Echter-Berg Riesling, zum Thronjubiläum gab es eine 2000er-Riesling-Spätlese.

nig später zog das Anatomische Institut ein, worauf zwei Figuren von Johann Peter Wagner verweisen, die die Gartenfenster flankieren: Ein Anatom umfasst einen Totenschädel, ein anderer Arzt mit Turban zeigt ein Herzpräparat und eine Hand. In dem Gebäude lehrten bedeutende Mediziner wie Rudolf Virchow und Albert von Koelliker. Heute finden hier Konzerte und Ausstellungen statt, und der Gartenpavillon ist für private Feiern zu mieten.

Die Außenbereiche des Spitalgeländes sind frei zu besichtigen, es wird jedoch gebeten, Rücksicht auf die Patienten und Bewohner zu nehmen. Denn im Inneren des Juliusspitals befindet sich noch heute ein Krankenhaus mit annähernd 400 Betten. Und nach wie vor gibt es Freiplätze für die unentgeltliche Behandlung von Bedürftigen. In unmittelbarer Nähe unterhält das Juliusspital auch ein Alten- und Pflegeheim.

Wein, Wald und Wiesen

Als wirtschaftliche Grundlage für ihre sozialen Aufgaben stattete Fürstbischof Julius Echter die Stiftung mit zahlreichen Gütern und Grundbesitz aus, die seine Nachfolger noch mehrten. Heute bewirtschaftet das Juliusspital ca. 1040 ha, dazu kommen Wald und Forstreviere von 3400 ha.

In besonderem Maße trägt aber der Weinbau zur Finanzierung der Stiftung bei. Das Weingut Juliusspital verfügt über 180 ha Weinberge in den besten Lagen Frankens und ist damit das größte Würzburgs. Dazu gehören Lagen wie ›Würzburger Stein‹, ›Randersackerer Pfülben‹, ›Escherndorfer Lump‹ oder ›Iphöfer Julius-Echter-Berg‹. Bei Führungen können Sie die rund 270 Eichenholzfässer in dem 250 m langen Keller unter dem Fürstenbau bewundern, die teilweise mit alten Schnitzereien verziert sind. Den größten Teil der Produktion stellt der Silvaner, dann folgen Riesling und Müller-Thurgau, Grauer und Weißer Burgunder u.a. Einen geringeren Anteil haben die Rotweine (Spätburgunder, Schwarzriesling und Domina). Auch handgerüttelte Sekte gehören zur Produktpalette, von einfacheren VDP-Gutsweinen bis zur Riesling-Trockenbeerenauslese vom ›Würzburger Stein‹ ist für jeden Geschmack und Geldbeutel etwas dabei. Erwerben können Sie die Weine im Anschluss an eine Führung oder in der **Vinothek Silvaner-Haus in der Zehntscheune**.

Kunst und Kultur im Industriedenkmal – **der Alte Hafen**

Die Sonne versinkt langsam über dem Main, Sie sitzen auf den Stufen des Alten Hafens mit Blick auf die Weinberge des Würzburger Steins und lauschen den Klängen der Classic Night, der Jazz-Trompete von Till Brönner oder den Songs von Olli Schulz. Die einzigartige Atmosphäre des Hafensommers ist nur ein Highlight des Kulturquartiers Alter Hafen!

Der Main spielte als Verkehrsweg schon immer eine große Rolle, woran in der Stadt etwa der Alte Kranen und das Zollhaus erinnern. Seit 1875 übernahm der Alte Hafen nördlich der heutigen Friedensbrücke die Rolle als Warenumschlagplatz. Doch um 1940 sollte auch dessen aktive Zeit enden, als der Neue Hafen Richtung Zell erbaut wurde.

Kunstschiff trifft Industriedenkmal: die Arte Noah im Hafenbecken und der MAN-Kran aus dem Jahre 1939. Auf der Hafentreppe an der Rückseite des Müllheizkraftwerkes sitzen beim Hafensommer die Zuhörer.

#7 **Alter Hafen**

Kunst statt Korn

1904 wurde das beeindruckend große Hauptgebäude des Geländes zur Lagerung von Getreide errichtet, 1996–2001 zum **Kulturspeicher** 1 umgestaltet. Von 128 auf 160 m Länge erweitert, beherbergt es nun auf 3500 m² moderne und mainfränkische Kunst. Besonders schön ist der Blick in die Höhe des Museumsfoyers, wo die alte, 12 m hohe Balkenkonstruktion erhalten ist. In zwölf Räumen auf drei Ebenen werden Werke aus Romantik, Biedermeier, Impressionismus, Expressionismus und Gegenwart präsentiert. Neben den zwei ständigen Ausstellungen – der Städtischen Sammlung (mainfränkische Künstler und der Nachlass der Bildhauerin Emy Roeder) und der Sammlung Peter C. Ruppert (Konkrete Kunst in Europa nach 1945) – gibt es wechselnde zu Themen wie dem Labyrinth oder der Provenienzforschung. Neben anderen sind Werke von Wilhelm Leibl, Max Slevogt, Otto Modersohn, Erich Heckel, Hans Reichel, Victor Vasarely, Hans Arp, Max Bill oder Josef Albers vertreten.

Kunstspuren und Farbechos von Malkursen im Kulturspeicher

Bewegte Bilder

Im nördlichen Gebäudeteil des Kulturspeichers ist die **BBK-Galerie** 2 des Berufsverbandes Bildender Künstler untergebracht. Hier werden hauptsächlich zeitgenössische Werke von Künstlern aus der Region in wechselnden Verkaufsausstellungen gezeigt. Im Untergeschoss befinden sich die **Werkstattgalerie** und die **Druckwerkstatt,** in der Künstler vor Ort arbeiten können. Außerdem befinden sich hier die Bühnen des **tanzSpeichers Würzburg** (www.tanzspeicherwuerzburg.de), ein in Süddeutschland einzigartiges Theater für zeitgenössischen Tanz, und des **Theaters Augenblick** (www.theater-augenblick.de), des einzigen Theaters in Bayern, in dem das Schauspielerensemble ausschließlich aus Menschen mit Handicap besteht.

Bockshorn und Kunstarche

Im Keller des Kulturspeichers residiert das weithin bekannte Kabarett **Bockshorn**. 1984 ursprünglich in Sommerhausen von Mathias Repiscus gegründet, präsentierte es schon damals Größen wie Dieter Hildebrandt und Ottfried Fischer. 2001 zog es an den Oskar-Laredo-Platz und zeigt die Programme etwa von Martina Schwarzmann, Claus von

Alter Hafen #7

Wagner, Michael Altinger, Wolfgang Krebs oder Urban Priol. Für größere Veranstaltungen nutzt das Bockshorn auch den großen Saal des Mainfranken Theaters. Im Sommer findet das Bockshorn-Festival im Spitalgarten im Städtchen Aub (ca. 40 km südl. von Würzburg) unter freiem Himmel statt.

Im Hafenbecken hinter dem Kulturspeicher liegt das **Kunstschiff Arte Noah** 3 vor Anker. Auch dieses hatte einst mit Getreide zu tun. Das und andere Güter wie Kohle transportierte das 1930 gebaute Schiff bis 1992. Dann erwarb es der Kunstverein Würzburg und baute es zur Ausstellungsfläche um. Von März bis November finden hier Ausstellungen zeitgenössischer Kunst und Workshops für Kinder statt. Neben dem Kulturspeicher liegt eines der wenigen verbliebenen Kinos der Stadt: das **CinemaxX**.

Nach so viel Kunst brauchen Sie vielleicht am Abend ein bisschen Bewegung: **Das Boot** 3 (▶ S. 108) ist eine 1996 eröffnete Diskothek auf einem umgebauten ehemaligen Ausflugs- und Kohledampfer, der ein paar Hundert Meter flussabwärts am Ufer des Mains verankert ist. Besonders schön im Sommer: das Freideck.

INFOS/ÖFFNUNGSZEITEN

Kulturspeicher 1: Oskar-Laredo-Platz 1, T 0931 32 22 50, www.kulturspeicher.de, Di 13–18, Mi, Fr–So 11–18, Do 11–19 Uhr, 4,50 €, erm. 2,50 €, Sonderausstellungen extra; 1. So im Monat Eintritt frei. Beim **Kunst-Apéritif** an jedem 1. Do im Monat trinken Sie nach einer 20-Minuten-Führung ein Glas Sekt (7 €) – nur ein Beispiel von vielen Veranstaltungen im Kulturspeicher.
BBK-Galerie 2: Oskar-Laredo-Platz 1, T 0931 506 12, www.bbk-unterfranken.de, Fr/Sa 15–18, So 11–18 Uhr
Bockshorn: Oskar-Laredo-Platz 1, T 0931 460 60 66, www.bockshorn.de, Karten auch über die Tourist Information
CinemaxX: www.cinemaxx.de, ▶ S. 109

KULINARISCHES FÜR ZWISCHENDRIN

Alter Ego 1: T 0931 32 22 50, www.alter-ego.de, Di 13–18, Do 11–19, Mi, Fr–So 11–18 Uhr, €. Nach der Kunst kommt der Kuchen, aber es gibt auch leckere Sandwiches und wechselnde Suppen im Museumscafé, das auch als Restaurant und Club genutzt wird. Schön sitzt man außen mit einer Prise Hafenwind und Blick auf die Festung Marienberg.

FESTE FEIERN

Zwei Wochen im Juli/Aug. bildet der Alte Hafen den Rahmen für die hochkarätigen Openair-Konzerte des **Hafensommers** (T 0931 36 20 18, www.hafensommer-wuerzburg.de).

Cityplan C/D 2 | **Tram** 2, 4: Congress-Centrum | **Bus** 9, 11, 13, 19, 22, 27: Kulturspeicher

#8

Weinstudien mit Aussicht – **der Stein-Wein-Pfad**

Hier wächst er: Würzburgs berühmtester Wein, den nicht nur Goethe zu schätzen wusste. Die Weinberge des ›Würzburger Steins‹ bieten mit dem Stein-Wein-Pfad eine herrliche Spaziermöglichkeit am wärmsten Ort der Stadt.

Wein am Stein: Das Hoffest des Weinguts am Stein bietet Rebensaft und Musik in besonderer Atmosphäre.

Muschelkalkboden, Hangneigung, Ausrichtung zur Sonne und die Flussnähe bieten auf dem ›Würzburger Stein‹ optimale Bedingungen für die Reben. Der Stein-Wein-Pfad beschreibt die Form einer liegenden 8 und kann in verschiedenen Varianten begangen werden, wobei die Überwindung von 50 Höhenmetern ein bisschen Kondition erfordert – ansonsten ist er problemlos zu begehen und bietet eine grandiose Aussicht auf Würzburg.

Stein-Wein-Pfad #8

Über Stock und Wein

Die Wanderung könnte etwa am **Info-Pavillon** 1 mit der historischen Weinkelter gegenüber vom Weingut am Stein starten, der einen Übersichtsplan und Tafeln mit allgemeinen Informationen bereit hält. Dort liegen normalerweise auch Prospekte mit einer Karte des Weges aus. Hinter dem **Weingut Knoll** 1 führt der Weg, der mit weiß-blauen Symbolen gekennzeichnet ist, zunächst links bergab, ein Stück geradeaus, dann wieder etwas bergauf zu einer ersten von insgesamt über 20 Informationstafeln, die allerlei Interessantes über die Geschichte des Weinbergs, die Weingüter, die Anteile an der Lage haben, über Natur und Rebsorten oder historische Persönlichkeiten erzählen. Dann steigt der Weg langsam an, bis man zu einer großen **Skulptur** 2 kommt, die den für Würzburg so bedeutenden Fürstbischof Julius Echter darstellen soll. Dort ist an einer Weinbergsmauer auch ein Metallrelief mit den wichtigsten Weinanbaugebieten Frankens angebracht. Von da wandern Sie entweder weiter zum Schlosshotel Steinburg hinauf oder nehmen noch die westliche Schleife mit, an deren Ende beim **Pavillon Moltkeruh** 3 sich ein weiter Panoramablick über die Stadt und mainabwärts Richtung Zell auftut.

Gehen Sie wieder Richtung Osten zurück, kommen Sie am **Schlosshotel Steinburg** 1 vorbei, das mit seinem Restaurant samt schöner Terrasse zum Verweilen einlädt. 1897 entstand der älteste Teil des großen Hotelkomplexes als Ausflugslokal im Tudor-Stil.

Wein im Wandel

Kurz hinter dem Schlosshotel Steinburg demonstriert der **historische Weinberg Tusculum** 4 den Weinbau früherer Jahrhunderte. Reben wurden damals mit einzelnen Pfählen gezogen und Rosen als sog. Zeigerpflanzen im Weinberg angepflanzt, da sie Mehltau früher als die Weinstöcke anzeigten – heute findet man sie immer häufiger wieder in den Weinbergen. Entweder laufen Sie nun wieder Richtung Info-Pavillon bergab oder gelangen weiter auf dem oberen Weinbergsweg zur neuesten Attraktion des Stein-Wein-Pfads, dem Literaturbalkon am Ende der Rotkreuzsteige.

P PLUS?

Möchten Sie mehr über den fränkischen Wein, Winzer und Weingüter erfahren? Dann können Sie sich von Mai bis Oktober jeden Samstag um 15 Uhr einer Führung anschließen. Im Preis von 17 €/Pers. ist auch ein Gläschen Steinwein enthalten. Treffpunkt ist der Info-Pavillon, Dauer ca. 2 Std.
www.wuerzburger-steinweinpfad.de

#8 **Stein-Wein-Pfad**

Goethe war schon vor Ihnen hier: Dem Dichterfürst schmeckte besonders der Steinwein, weshalb er heute auf dem Literaturbalkon abgebildet ist.

Ein neumagischer Ort

Auf dem **Literaturbalkon** 5 begegnen Sie Poeten und Autoren, die Würzburg verbunden sind. Stelen aus Stahl zeigen je nach Blickwinkel die Porträts von vier Dichtern – halb umkreist von einem filigranen Aussichtsbalkon. An einem Stehpult informieren Tafeln über Walther von der Vogelweide, Johann Wolfgang von Goethe, Hermann Hesse und Leonhard Frank. Dieser 2018 neu gestaltete Ort gehört zu dem Gesamtkonzept »terroir f«, das besondere Punkte der fränkischen Weinlandschaft in magische Orte verwandeln soll.

Oberhalb des Literaturbalkons gelangen Sie über eine Wiese zum **Bismarckturm** 6, der zwar aufgrund seiner Baufälligkeit nicht geöffnet ist, von dessen Fuß sich aber wiederum ein grandioser Blick auf die Stadt bietet. Das Denkmal wurde im zu der damaligen Zeit beliebten Modell ›Götterdämmerung‹ (= turmartiger Massivbau mit Dreiviertelsäulen an den vier Ecken und Aufbau mit Feuerschale) gestaltet, sein Grundstein 1905 gelegt. Es liegt im sog. **Bismarckwäldchen,** das um die Wende zum 20. Jh. angelegt wurde und einen besonderen Pflanzenreichtum aufweist (hier findet sich z. B. der größte Baumhaselbestand Deutschlands).

Auf dem Weg zurück zum Ausgangspunkt passieren Sie wieder das Weingut am Stein – Ludwig Knoll. Es ist das einzige, das direkt am ›Würzburger Stein‹ liegt, und wird schon seit fünf Generationen als Familienbetrieb geführt. Für ihren Einsatz im Bereich Nachhaltigkeit und innovative Ideen im ökologischen Weinbau ge-

Stein-Wein-Pfad #8

wannen Sandra und Ludwig Knoll vom Weingut am Stein den Bundeswettbewerb ›Ökologischer Landbau 2018‹. Die beiden setzen bereits seit gut 15 Jahren eine ökologische Bewirtschaftung ihrer Rebhänge um. In der architektonisch mehrfach preisgekrönten Vinothek **WeinWerk am Stein** 🏛 können Sie die Weine mit feinen Fruchtaromen und filigraner Mineralik verkosten und das ein oder andere Fläschchen kaufen. Anteil an der Lage Würzburger Stein haben auch die drei größten Weingüter Frankens: Staatlicher Hofkeller (▶ S. 109), Juliusspital (▶ S. 41) und Bürgerspital (▶ S. 100) sowie das **Weingut Reiss** 🏛.

INFOS/ÖFFNUNGSZEITEN

Ausgangspunkt: Rotkreuzsteige, eine Verlängerung der Rotkreuzstraße
Dauer: ca. 4 km, je nach Kondition 1,5–2 Std.
Weingut am Stein – Ludwig Knoll 🏛: Mittlerer Steinbergweg 5, T 0931 258 08, www.weingut-am-stein.de; mit **WeinWerk am Stein:** Mo–Fr 14–18, Sa 10–17, Jan.–März Mo–Fr 14–18, Sa 10–14 Uhr
Weingut Reiss 🏛: Unterdürrbacher Str. 182, T 0931 946 00, www.weingut-reiss.com, Mo–Fr 10–18, Sa bis 17 Uhr

---

KULINARISCHES FÜR ZWISCHENDRIN

Leider bekommt man nicht unbedingt etwas Günstiges zu essen am ›Würzburger Stein‹ – dafür lohnt sich, wenn Sie gehobener speisen möchten, das Restaurant im **Schlosshotel Steinburg** 🏛 (Reußenweg 2, T 0931 970 20, www.steinburg.com, tgl. 12–23 Uhr, €€–€€€). Oder Sie packen sich ein kleines Picknick ein, das Sie an einem der vielen Aussichtspunkte (Bismarckturm, Literaturbalkon, Pavillon Moltkeruh) mit dem grandiosen Blick auf Würzburg verzehren können.

FESTE FEIERN

Musik und Wein verbinden sich aufs Schönste beim Hoffest **Wein am Stein** im Juli. Ökologisch angebaute Weine des Weinguts Knoll harmonieren dabei zwei Wochen lang mit Rock-, Pop- und Discoklängen und einem grandiosen Blick auf die Stadt (www.wein-am-stein.de).

Cityplan A–E 1/2 | Bus 11, 13, 19, 27: Rotkreuzstraße

Grüne Oase XL – **der Ringpark**

Vögel zwitschern, Blumen duften im schattigen Grün uralter Bäume. Sie spazieren auf geschwungenen Wegen vorbei an bunten Beeten und grünen Liegewiesen, auf denen im Frühjahr Krokusse und Blausternchen blühen – Würzburg zeigt sich im Ringpark von seiner grünen Seite. Mehr als 3 km lang und bis zu 240 m breit erstreckt er sich auf dem Gelände des ehemaligen Glacis, dem freien Schussfeld vor den geschleiften barocken Stadtmauern.

Zartes Grün und rosa Blüten: Im Frühjahr lockt der Ringpark mit besonderen Farben.

Man erkennt seinen Verlauf von der Friedensbrücke im Norden vorbei an Hauptbahnhof, Berliner Platz, Residenz und Neuer Universität bis zur Löwenbrücke im Süden ganz deutlich an dem grünen Halbrund auf dem Stadtplan. Zahlreiche, teils exotische Gehölzarten und viele liebevoll angepflanzte Blumenarrangements sowie fast ein Dutzend Wasser- und Brunnenanlagen und viele steinerne Denkmäler machen den im Stil eines englischen Landschaftsgartens angelegten Ringpark zu einem idyllischen Ort für die Mittagspause, ein Picknick, fürs Sonnenbaden, Joggen, Walken oder Tai-Chi.

Eine grüne Lunge entsteht

Bereits im Jahr 1804 war auf dem Außenrand des Glacis eine doppelreihige Pappelallee angelegt worden, mit dem Bau einer Parkanlage begann man aber erst 1878 unter dem Bürgermeister Georg von Zürn. Beauftragt wurde der Schwede Jöns Person Lindahl, der sich allerdings schon wenige Jahre nach Arbeitsaufnahme 1887 vermutlich aufgrund von Anfeindungen Würzburger Bürger in den Glacisanlagen am Sanderring das Leben nahm. Denn obwohl er auf der Internationalen Gartenbauausstellung in St. Petersburg 1884 für seine Planung mit einer Silbermedaille ausgezeichnet worden war, wuchs in Würzburg, insbesondere nach dem Tod des Bürgermeisters von Zürn im selben Jahr, der Widerstand gegen seine teuren Vorhaben. So hatte er vor dem Sanderviertel einen künstlichen See vorgesehen und ausheben lassen, der während seines Kuraufenthaltes kurzerhand wieder zugeschüttet wurde.

An den genialen Gartenarchitekten erinnert die **Lindahl-Gedenkstätte** 1 mit einem Brunnen und der schwarzen abgebrochenen Säule, die ein Zeichen für seinen frühen Tod darstellt, im Park gegenüber der Neuen Universität. Sein Nachfolger Engelbert Sturm stellte dann bis 1896 die Anlage im Großen und Ganzen fertig, nur die **Klein-Nizza** 2 genannte Teich- und Blumenanlage hinter den Mauern des Hofgartens wurde bis 1900 noch hinzugefügt.

Natur und Kultur

Neben dem Erholungswert bietet der Ringpark auch noch andere Vorteile. So gleicht er die Temperaturspitzen der Innenstadt aus, dient als Feuchtigkeitsspeicher, Luftfilter und Sauerstofferzeuger. Sein Gehölzbestand gehört zu den artenreichsten Deutschlands: Zu den rund 220 Baumarten aus mehr als 30 Pflanzenfamilien kommen noch unzählige Straucharten, darunter

Als Bestandteil einer Wissenschaftsmeile wurde im Ringpark gegenüber der Neuen Universität ein **Nobelpreisträger-Lehrpfad** 8 errichtet: Infotafeln berichten über das Leben und Arbeiten der 14 Würzburger Nobelpreisträger von Wilhelm Conrad Röntgen (1901, Physik) bis zu Harald zur Hausen (2008, Medizin), von denen zehn am Röntgenring forschten und lehrten.

#9 Ringpark

Putzig: Eichhörnchen bevölkern den Ringpark neben vielen anderen Tieren, z. B. Vögeln oder Fledermäusen.

einige Exoten, die Philipp Franz von Siebold aus Ostasien mitgebracht hatte. Die Palette reicht dabei beispielsweise vom Götterbaum, der in seiner Heimat China als Sitz der Götter verehrt wird, über die inzwischen selten gewordene Gemeine Eibe, den Ginkgobaum, die Blaue Atlaszeder, den Mammutbaum, den Blauglockenbaum bis zur Gleditschie oder den Tulpenbaum aus Amerika. 49 Informationstafeln entlang eines **Baumlehrpfades** zwischen Hauptbahnhof und Ottostraße machen Sie mit ausgewählten Exemplaren bekannt. Zudem ist der Ringpark die städtische Heimat für viele Kleintiere: Man sieht flinke Eichhörnchen, aber auch Kaninchen, kann mitten in der Stadt den Singvögeln lauschen und sogar Turmfalken bei der Jagd beobachten; in der Nacht huschen die Schatten der Fledermäuse durch die Baumwipfel. 10 von 25 in Deutschland lebenden Arten kommen hier vor.

Aber nicht nur der Natur bietet der Ringpark Platz: Zahlreiche Denkmäler und Brunnen schmücken als kunstgeschichtliche Zeugen das Grün. So findet sich im Sanderglacis das barocke **Hutten-Wappen** 3 des Fürstbischofs Christoph Franz von Hutten und oberhalb des Ententeichs von ›Klein Nizza‹ der Schönborn-Brunnen, den das Wappen des Fürstbischofs Johann Philipp von Schönborn schmückt wie den **Erthal-Brunnen** 4 das Wappen des Fürstbischofs Frank Ludwig von Erthal.

Luitpold blickt zurück

Das in seiner Monumentalität martialisch wirkende **Kriegerdenkmal** 5 im Husarenwäldchen gegenüber der Hochschule für Musik wurde zwischen 1925 und 1931 im Gedenken an die Gefallenen des Ersten Weltkriegs errichtet. Am **Berliner Platz** 6, wegen seines dreispurigen Kreisverkehrs auch als Berliner Ring bezeichnet, erinnern ein Berliner Meilenstein und ein Stück Berliner Mauer an die einstige Teilung Deutschlands. Vor dem wenig ansehnlichen Würzburger Hauptbahnhof steht inmitten einer Grünfläche, die zum Ringpark gehört, der schöne **Kiliansbrunnen** 7. Er war 1895 ein Geschenk des Prinzregenten Luitpold von Bayern an seine Geburtsstadt Würzburg. Der dritte Sohn von König Ludwig I. erblickte 1821 in der Residenz das Licht der Welt. Die zwei Becken

Seit 1995 gibt es das beliebte, familiäre **Ringparkfest** bei Klein-Nizza mit Musik, Baumführungen, Führungen zu Bauten und Denkmälern, Kinderprogramm und natürlich Speis und Trank.
Anfang Aug., www.wuerzburg.de/ringparkfest

Ringpark #9

aus Carrara-Marmor krönt der Frankenapostel Kilian, modelliert von Balthasar Schmidt und gegossen von Ferdinand von Miller. Dies sind nur einige ausgewählte Denkmäler im Bereich des Ringparks, auf kurzen und auch längeren Spaziergängen lässt sich noch unendlich viel mehr entdecken!

INFOS/ÖFFNUNGSZEITEN

www.wuerzburg.de: Auf dieser Seite erhalten Sie unter dem Stichwort ›Ringpark‹ zahlreiche Informationen zum Ringpark und seiner Natur – z. B. 49 Baumsteckbriefe von der Feldulme bis zum Blauglockenbaum.
Der Naturwissenschaftliche Verein Würzburg e. V. (T 0931 831 52, www.nwv-wuerzburg.de) bietet z. B. einen **vogelkundlichen Spaziergang** im Ringpark oder eine botanische Winterführung in Klein-Nizza an.

KULINARISCHES FÜR ZWISCHENDRIN

Ein panasiatisches Potpourri mit Speisen aus Thailand, Vietnam, China und Japan bietet nah am Ringpark das **Restaurant Dahimy** ❶ (Sanderring 12, T 0931 510 45, auf Facebook, Mo 17–22, Di–So 11.30–15, 17–22 Uhr, €–€€). Kaffee, Kuchen, Milchshakes und Snacks bekommen Sie gleich nebenan im **Yoq Yoq** ❷ (Sanderring 12, T 0931 30 19 34 95, auf Facebook, Mo–Fr 7–19, Sa 8–16 Uhr, €).

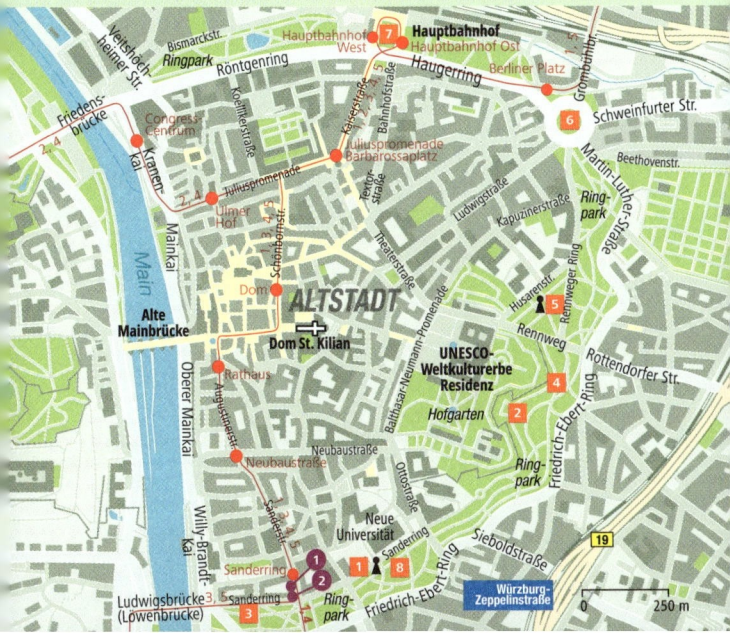

10

Alte Tradition und studentisches Leben – **rund um die Universität**

Die altehrwürdige Julius-Maximilians-Universität (JMU) ist in Würzburg mit vielen Standorten vertreten und beschert der Stadt aufgrund der Studenten eine lebendige Kneipenszene: Insbesondere an der Sander-, Münz- und Peterstraße locken viele Einkehrmöglichkeiten und Bars.

Auf zack: Treppenaufgang des zentralen Hörsaal- und Seminar-Gebäudes Z6 auf dem Campus Hubland-Süd

Die Geschichte der Würzburger Julius-Maximilians-Universität geht bis ins Jahr 1402 zurück. Es war die vierte Universitätsgründung auf dem Gebiet des heutigen Deutschland und die erste in Bayern, doch war ihr zunächst kein langer Bestand gewährt. 1582 gründete dann Fürstbischof Julius

Rund um die Universität #10

Echter die Universität Würzburg zum zweiten Mal. Er ließ die **Alte Universität** 1 errichten, die an drei Seiten einen schönen Innenhof umschließt. Den Eingang bildet in der Domerschulstraße ein Renaissanceportal mit dem Relief »Ausgießung des Heiligen Geistes über Maria und die Apostel«, auf dem besonders groß auch der Universitätsgründer dargestellt ist. Einst studierten hier Theologen, Philosophen und Juristen, geblieben sind nur Letztere. Die vierte Seite des Hofes bildet die **Neubaukirche** 2, mit deren Bau 1583 begonnen wurde. Nach einer langen und komplizierten Baugeschichte dient sie heute als Festaula der Uni (nicht öffentlich zugänglich). Dort ruht in einer Stele aus rotem Sandstein das Herz des für Würzburg so bedeutenden Fürstbischofs und Gründers der Uni und des Juliusspitals. Der Name des ehemaligen Gotteshauses soll darauf zurückgehen, dass die Universität im 16. Jh. ›der‹ Neubau in Würzburg war.

Sie wächst und wächst

Die Ende des 19. Jh. errichtete **Neue Universität** 3 (›Sander-Uni‹) am Sanderring ist das Hauptgebäude der Universität. Die moderneren Gebäude haben auf dem Campus Hubland am östlichen Stadtrand ihren Platz gefunden. Das in den 1970er-Jahren angelegte Gelände wurde stetig erweitert und erst vor Kurzem um das Gebiet der ehemaligen Kasernen der US-Streitkräfte (Leighton Barracks) vergrößert. Es gibt aber auch in der Residenz (Klassische Philologie und Archäologie) oder am Röntgenring Standorte der Fakultäten.

Wollen wir ausgehen?

Der von anfangs kaum 200 auf heute fast 40 000 angewachsenen Zahl der Studierenden verdankt Würzburg u. a. eine lebendige Kneipenszene, die sich insbesondere in der Sanderstraße konzentriert. Dem kommt entgegen, dass die mit ihrem Namen an die ehemalige Vorstadt Sand erinnernde Straße nachts für den Autoverkehr (Straßenbahnen fahren!) gesperrt ist. Bei Fußball-Großereignissen mutiert sie zur Fanmeile der Stadt. Bereits an der Ecke Neubau-/Sanderstraße liegt das alteingesessene **Unicafé** 1. Man findet aber genauso traditionell fränkische Spezialitäten etwa in der Weinstube **Till Eulenspiegel** 2. Ausgesuchte Weine zum Probieren und Mit-nach-Hause-nehmen finden Sie in

INFOS/ÖFFNUNGSZEITEN
Zur **Julius-Maximilians-Universität**: www.uni-wuerzburg.de
Unicafé 1: www.unicafe-wuerzburg.de, €
Till Eulenspiegel 2: www.hotel-till-eulenspiegel.de, €–€€
Veggie Bros 3: www.veggiebros.de, €, ▶ S. 93
Capri/Blaue Grotte 4: https://capri-blaue-grotte.business.site, €
Quê Ta 5: www.que-ta.de, €–€€
Der Auflauf 6: www.auflauf-wuerzburg.de, €
Loma ✱: www.loma-bar.com
Bar Reue(rbäck) ✱: auf Facebook
Haltestelle Barviertel ✱: www.haltestelle-barviertel.de
Wohnzimmer ✱: www.wohnzimmer-bar.com
wohlsein 1: www.wohlsein-weine.de

Plan ▶ S. 58

Im beeindruckenden Turm der Neubaukirche aus rotem Sandstein – mit 79,57 m der höchste Würzburgs – gibt es seit 2005 ein **Carillon** (spielbares Glockenspiel), das in den Sommermonaten meist mittwochs um 17.30 Uhr erklingt.

#10 **Rund um die Universität**

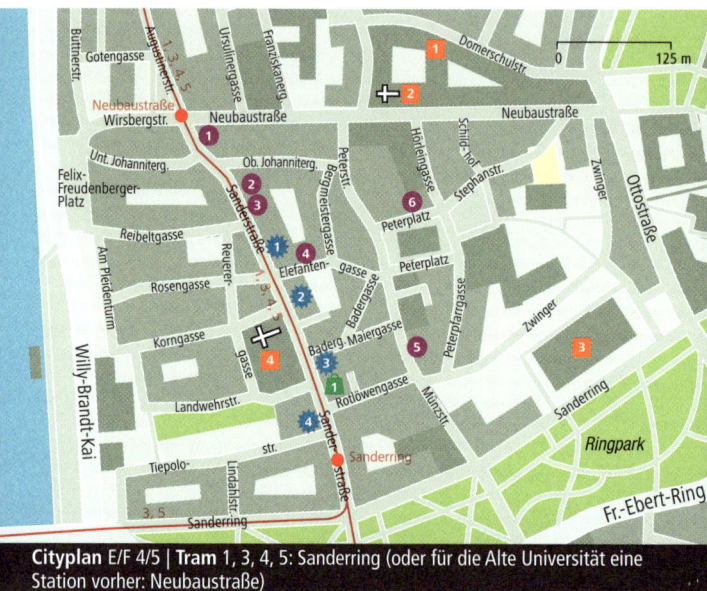

Cityplan E/F 4/5 | **Tram** 1, 3, 4, 5: Sanderring (oder für die Alte Universität eine Station vorher: Neubaustraße)

der Vinothek **wohlsein – so schmeckt Franken** 🛈. Cocktails kommen gut in der Bar **Loma** 1, ein paar Schritte weiter in der Bar **Reue** 2 (im historischen Gebäude des Reuererbäcks) und im **Wohnzimmer** 4. Eine fast schon klassische Würzburger Kneipe ist die **Haltestelle Barviertel** 3 (ehemals das beliebte Café MuCK). Für den kleinen Hunger zwischendurch bieten sich diverse Imbisse an – vom klassischen Döner bis zum Falafelwrap bei den **Veggie Bros** 3. Wer nicht nur ans Essen denkt, hat etwa in der Mitte der Sanderstraße auch Augen für die barocke Kirchenfassade des Karmelitenklosters, im Volksmund **Reuererkirche** 4 genannt (erbaut von Antonio Petrini 1662–69).

Die laut Hausaufschrift älteste Pizzeria Deutschlands – das 1952 gegründete **Capri/Blaue Grotte** 4 – liegt in der Elefantengasse. Mit Fantasie und Gespür für die Kombination guter Zutaten verwandelt das kreative Küchenteam von **Quê Ta** 5 Marktfrisches in Gerichte, die als Inbegriff einer modernen vietnamesischen Küche gelobt werden. Richtig satt essen werden Sie sich ein paar Häuser weiter am Peterplatz im kleinen, gemütlichen Restaurant **Der Auflauf** 6, das sich auf Überbackenes spezialisiert hat.

Leben am Fluss – **das Mainufer**

Die Füße im Sand, die Sonne auf dem Bauch lässt sich der Sommer perfekt genießen am Stadtstrand neben der Löwenbrücke. Ein kurzes Stück weiter bestaunt man riesige Hotelschiffe, spaziert entlang der neuen Uferanlagen zur Alten Mainbrücke und weiter zum Alten Kranen. War der Main einst hauptsächlich Verkehrsweg, bietet er heutzutage den Einwohnern und Besuchern Würzburgs viel Lebensqualität.

 # 11

Südlich der Löwenbrücke (Ludwigsbrücke) lockt am Ludwigskai seit 2006 jeden Sommer der **Stadtstrand** 1 mit tonnenweise Sand, bunten Sonnenschirmen und Liegestühlen. Mit Blick auf das Käppele und die Festung lässt sich bestens chillen und relaxen, aber auch an Yoga- oder Tanzveranstaltungen teilnehmen.

Zwei Hebearme: So konnte man früher gleichzeitig be- und entladen. Heute findet man am Alten Kranen viel Gastronomie.

#11 Mainufer

> ▶ **LESESTOFF**
>
> Ihr Hupen erinnerte an Muhen und das Kettenrasseln an die Geräusche eines Kuhstalls. Die Schleppschiffe wurden in Würzburg Meekuh genannt, andernorts Määkuh, Maakuh oder Meankuh. Wer noch mehr mainfränkisch lesen möchte – auch in Gallien wird dieser Dialekt gesprochen: **Asterix uff Meefränggisch** (Egmont Verlag) gibt es inzwischen in fünf Bänden: »Dour de Frangn«, »Die Frache der Ehre«, »Da boxe di Beudel«, »Asterix un di Wengert-Scheer« und »Asterix un di Schlachtbladdn«.

Auf der neu angelegten Uferpromenade des Willy-Brandt-Kais spazieren Sie Richtung Altstadt. Rechterhand war der trutzige **Hirtenturm** 2 Teil der mittelalterlichen Stadtbefestigung und stammt in seiner jetzigen Gestalt aus dem 17. Jh. Seinen Namen erhielt er wohl von Hirten, die von hier das am Mainufer weidende Vieh beobachteten.

Von der Meekuh zum Alten Kranen

Am Kai fällt die **Mainkuh** 3 (›Meekuh‹) ins Auge, ein Restaurantschiff mit Kasino, dessen Name auf eine spezielle Epoche der Main-Schifffahrt verweist. Zu Beginn des 20. Jh. schleppten Mainkuh genannte Schiffe mithilfe einer Kette auf dem Grund des Flusses, die über Deck und über Eisentrommeln lief, bis zu zehn Schiffe und Kähne mainaufwärts. Auf diesem Schiff wurde in den 1960er-Jahren das erste Striptease-Lokal in der Bischofsstadt betrieben. Denn der Main gehörte als Wasserstraße zum Freistaat Bayern, und so spielte sich der Betrieb wenigstens nicht auf dem Boden des Bistums Würzburgs ab …

Unter der Alten Mainbrücke hindurch gelangen Sie zum **Alten Kranen** 4 mit dem Zollhaus. Er wurde 1767–73 von Balthasar Neumanns Sohn Franz Ignaz errichtet. Entgegen der üblichen Bauweise hatte dieser Kran zwei Ausleger, die unabhängig voneinander betätigt werden konnten: Es war also möglich, gleichzeitig zu laden und entladen. Die im Inneren befindlichen Flaschenzüge und das Tretrad wurden von Menschenkraft betrieben und waren in der Lage, bis zu 40 Zentner zu stemmen. Aus Gründen des Hochwasserschutzes baute Neumann den Kran auf eine Bastion mit mehreren Tordurchfahrten, so dass die Fuhrwerke direkt an den Fluss fahren konnten.

Auch Einkehren oder Übernachten kann man am Mainufer: z. B. im **Hotel und Restaurant Walfisch** 5 mit schöner Terrasse zum Main. Seinen Namen hat es übrigens ursprünglich nicht von dem Meeressäugetier, sondern von dem im Main heimischen Waller (Wallfisch), dem sein zweites L im Laufe der Zeit abhanden kam (www.hotel-walfisch.com).

Fisch oder fränkisch?

Der **Biergarten** auf der Kranenbastion bietet eine herrliche Aussicht auf den Main und das gegenüberliegende Ufer. Hier herrscht Selbstbedienung im Gegensatz zu der Terrasse des **Brauerei-Gasthofs Alter Kranen** 1 im Alten Zollhaus. Beide bieten fränkische Küche und Würzburger-Hofbräu-Bier. Ebenfalls im Zollhausgebäude lockt die **Locanda** 2 mit großen Pizzen und leckerer Pasta sowie mit einem schönen Außenbereich. Dazu hat im Untergeschoss **Beef 800°** 3 Fleisch-

Mainufer #11

fans mit seinem Southbend Grill an der Angel. Fischbrötchen und mehr bietet der **Main Kutter Würzburg** ❹, ein Schiff mit roter Blockhütte auf dem Main.

Weiß statt faul

Wenige Meter vom Alten Kranen entfernt liegt die Weiße Flotte mit ihren Ausflugsschiffen vor Anker. Rechterhand fällt in der Häuserreihe ein alter quadratischer und hoch aufragender grauer Turm auf. Als Teil der mittelalterlichen Vorstadtbefestigung diente u.a. als Kerker für Schwerverbrecher und wurde deshalb auch **Faulturm** ❺ genannt. Hier ist es nicht mehr weit bis zur **Friedensbrücke** ❻.

INFOS/ÖFFNUNGSZEITEN
Von der Ludwigsbrücke bis zur Friedensbrücke sind es ca. 1,5 km – ohne Unterbrechung ca. 30 Min. zu Fuß. **Weiße Flotte** ❶: www.mainschifffahrt.de, www.schiffstouristik.de, Mitte April–Mitte Okt. stdl. nach Veitshöchheim, hin- und zurück Erw. 15 €, erm. 9 €

KULINARISCHES FÜR ZWISCHENDRIN
Sich die Sonne auf den Bauch scheinen lassen, dazu Flammkuchen, Burger oder Bratwurst am **Stadtstrand** ❶: Wellenbad an der Löwenbrücke, www.stadtstrand-wuerzburg.de, Ludwigskai, Mai–Mitte Sept. je nach Wetterlage Mo–Fr 16–23, Sa/So 12–23 Uhr).
Brauerei-Gasthof Alter Kranen ❶: Kranenkai 1, T 0931 99 13 15 45, www.alterkranen.de, tgl. 12–23, Biergarten Mo–Do ab 16, Fr–So ab 12 Uhr, €–€€.
Locanda ❷: T 0931 156 00, www.locanda.de, So–Do 11.30–23, Fr/Sa 11.30–24 Uhr, €–€€
Beef 800° ❸: Kranenkai 1, T 0931 46 79 51 86, www.beef800.de, tgl. ab 17 Uhr, €€–€€€
Main Kutter Würzburg ❹: April–Okt., jeweilige Öffnungszeiten auf Facebook oder Instagram, bei Regen geschl., €

Cityplan D/E 3–5 | **Tram** 3, 5: Sanderring o. Löwenbrücke (zurück über die Brücke) | **Bus** 10, 35: Sanderglacisstraße (zurück mit Tram 2, 4: Congress-Centrum)

12

Zu Füßen der Burg – **unterwegs im Mainviertel**

Nicht nur drei klassizistische Bauwerke und zwei äußerst interessante Kirchen liegen im dicht gedrängten Mainviertel auf der linken Seite des Flusses – vom Fledermauslehrpfad vor dem Burkarder Tor im Süden geht es entlang des ehemaligen Frauenzuchthauses und der Kirche St. Burkard zum Spitäle und der Deutschhauskirche bis zum Zeller Tor.

Kommt einem ägyptisch vor: das Jugendkulturhaus Cairo im ehemaligen Frauenzuchthaus

Naturliebhaber und Technikinteressierte aufgepasst! Vor dem **Burkarder Tor** 1 können Sie sich seit 2017 über ein faszinierendes Flügeltier und eine Meisterleistung der Wasserbautechnik informieren. Mehrere Infotafeln des **Fledermauslehrpfades** vermitteln Wissenswertes über die vier

Mainviertel #12

Arten (Großer Abendsegler, Zwergfledermaus, Rauhaut- und Breitflügelfledermaus), die sich in der kleinen Parkanlage tummeln. Über einen Detektor sind hier sogar ihre Laute zu vernehmen. Ihr Winterquartier haben die Jäger der Nacht im früheren Umlaufkanal am Burkarder Tor (in der Nordwestecke der Anlage), der als ältester Kanaltunnel Europas gilt und aus der Barockzeit stammt.

Jugendkultur ägyptisch

Das Burkarder Tor selbst ist ein Rest der barocken Stadtbefestigung. Es wurde 1680 von Antonio Petrini errichtet. Heute dürfen nur Fußgänger und Radfahrer den langen, gekrümmten Durchgang benutzen. Gleich danach liegt am Fred-Joseph-Platz 3 das **ehemalige Frauenzuchthaus,** ein klassizistischer Bau im Stil der *architecture parlante* (Revolutionsarchitektur) von 1809/10. Die imposante Fassade des Baus von Peter Speeth verweist auf staatliche Ordnungsgewalt: Vor der Nutzung als Gefängnis war es Sitz der bischöflichen Leibgarde. Hier sind das **Jugendkulturhaus Cairo** 2 (das Haus wird auch ›Ägyptischer Bau‹ genannt) und die Jugendherberge untergebracht. Dort gibt es Veranstaltungen und Bildungsangebote in den Bereichen Tanz, Theater und Sport, hier entstand auch das bekannte Würzburger Improtheaterfestival (www.improtheaterfestival.de).

Ein Schrein für den Ersten

Direkt daneben lohnt die **Kirche St. Burkard** 3 unbedingt einen Besuch: Ihr gotischer Chor ist nach Osten zum Main hin ausgerichtet. Benannt ist sie nach dem ersten Bischof des Bistums Würzburg, dem hl. Burkard, und zählt zu den ältesten Sakralbauten Würzburgs. Von der romanischen Basilika sind das Langhaus mit einem der frühesten Stützenwechsel der Arkaden Süddeutschlands, Nordportal und Türme erhalten. Am Übergang vom Lang- zum Querhaus hängt eine barocke Darstellung der 14 Nothelfer mit Christuskind frei im Raum. Zur reichen Ausstattung der Kirche gehören u. a. einer der wenigen Renaissancealtäre Frankens, ein Marienaltar an der südlichen Querhauswand, und rechts davon ein Frühwerk Tilman Riemenschneiders: eine farbig gefasste Madonna mit Kind, geschaffen

Zahlreiche Kirchtürme setzen ihre Akzente in den Himmel über Würzburg, wie jener der Don-Bosco-Kirche.

Der Schrein des hl. Burkard beherbergt ein erst 1955 bei Grabungen gefundenes Skelett, das möglicherweise von dem Heiligen stammt. Allerdings wurde es ohne Kopf aufgefunden – dieser wurde wohl getrennt als Reliquie verehrt, ging aber verloren.

#12 Mainviertel

Das Spitäle. außen klassizistisch, innen teils alt, teils modern, eine gelungene Kombination.

Die Deutschhauskirche ist heute neben der Stephanskirche und der Johanniskirche das dritte evangelische Gotteshaus in der katholisch dominierten Stadt.
Besonders detailreich sind die reich skulpierten Kapitelle, Konsolen und Schlusssteine im Langhaus: So sind z. B. eine Katze samt Maus, Drachentiere, Blattornamente oder eine sehr drastische Höllendarstellung zu entdecken.

um 1490. Aus der Werkstatt Riemenschneiders soll das Kruzifix, das im Chorbogen hängt, stammen. Gerahmt vom Chorgestühl und dem Hochaltar befindet sich im Hochchor der Schrein des hl. Burkard, den Theo Sebald 1988/89 fertigte.

Ein Tempel für die Kunst

Entlang der Burkarderstraße gelangen Sie, vorbei am Bayerischen Verwaltungsgericht und den drei Felsgassen, an denen sich die Häuser zu Füßen der Festung Marienberg drängen, zu einem weiteren ungewöhnlichen Gebäude: Das **Spitäle** 4 ist ein tempelartiger, klassizistischer Bau, der heute als Ausstellungsraum der Vereinigung Kunstschaffender Unterfrankens (VKU) genutzt wird. Die ursprünglich spätgotische Kirche des Spitals zu den 14 Nothelfern wurde 1794 nach Plänen von Adam Salentin Fischer umgestaltet.

Erinnerung an einen Mord

Vorbei an der Tellsteige, dem kürzesten Fußweg hinauf zur Festung, erreichen Sie den kleinen **Platz der Fischerzunft** 5. Hier erinnert die erste Zobelsäule an die Ermordung des Fürstbischofs Melchior Zobel von Giebelstadt. Dieser wurde hier am 15. April 1558 auf dem Weg zur Festung angegriffen. An der Stelle der zweiten Zobelsäule oberhalb der Tellsteige stürzte er vom Pferd und erhielt die Sterbesakramente. Seinen Sterbeort markiert die dritte Säule nahe dem Schönbornntor der Festung.

Der Weg führt die Zeller Straße weiter bergauf: Rechter Hand liegt dort die **Deutschhauskirche** 6 mit einem ungewöhnlichen Durchgang unter der Empore: Das gotische Gotteshaus mit spätromanischem Turm wurde ab 1270 vom Deutschen Ritterorden errichtet, der sich verpflichtete, den zum damaligen Schottenkloster führenden Weg nicht zu bebauen. In einem Untergeschoss des Turmes befindet sich eine spätromanische Kapelle (1226 erstmals urkundlich erwähnt, Eingang im Durchgang). Im einschiffigen Hauptkirchenraum mit Kreuzgewölbe erinnert die Kreuzigungsgruppe des Altars zwar stark an Tilman Riemenschneider, ist aber ein neueres Werk des Würzburger Bildhauers Heinz Schiestl von 1929/30. Die Abendmahlteppiche dahinter wurden Mitte des 20. Jh. aufgehängt und stammen aus der Neuendettelsauer Paramentik.

Mainviertel #12

Durchschlüpfen zum Schottenanger

Ein Durchgang an der Deutschhauskirche führt Sie zum Schottenanger mit der ehemaligen St.-Jakobus-Kloster- und Wallfahrtskirche, heute **Don-Bosco-Kirche** 7. Beim Bombenangriff vom 16. März 1945 wurde das ursprünglich romanische Gotteshaus schwer zerstört, aber später wieder aufgebaut (zumeist abgesperrt, gehört zum Berufsbildungswerk der Caritas Don Bosco).

Anstatt den Durchgang zu nehmen, kann man auch weiter die Zeller Straße hinauflaufen. Dort wartet ein weiteres klassizistisches Gebäude: Das **Zeller Torhaus** 8 wurde 1824 wie das ehemalige Frauenzuchthaus nach Plänen von Peter Speeth erbaut. Der Kuppelbau mit Säulenportal und Rustikagliederung wird heute von der russisch-orthodoxen Gemeinde genutzt. Zum Schluss bietet sich ein Spaziergang über das Landesgartenschaugelände von 1990 (▶ S. 84) an (Eingang durch Zeller Tor auf der anderen Straßenseite).

INFOS/ÖFFNUNGSZEITEN
Jugendkulturhaus Cairo 2: Fred-Joseph-Platz 3, T 0931 41 69 33, www.cairo.wue.de
Spitäle 4: Zeller Str. 1, T 0931 441 19, www.vku-kunst.de, Di–So 11–18 Uhr, Eintritt frei, Spende erbeten
Deutschhauskirche 6: www.deutschhauskirche-wuerzburg.de, Mo–Sa 10–17 Uhr

---

KULINARISCHES FÜR ZWISCHENDRIN
Kham Sushi Bar 1: Burkarder Str. 2, T 0931 450 23 64, www.kham-wuerzburg.de, Mo–Sa 11.30–14.30, 17–23, So, Fei bis 22 Uhr, €–€€
Café Tohmaz 2: Zeller Str. 3, T 0931 45 32 44 12, IG: @cafetohmaz, Di–Fr 9.30–18, Sa 9–18, So 10.30–18 Uhr. Authentische (auch vegane) Speisen aus dem Libanon, etwa Manakish (frisch gebackenes Fladenbrot mit Käse, Tomaten, Zwiebeln und Kräutern) oder Taboulé (Couscous-Salat). €

Cityplan C/D 3–5 | Start: Tram 1, 3, 4, 5: Rathaus, dann über Alte Mainbrücke; **Ende: Tram** 2, 4: Neunerplatz oder Wörthstraße

13

Renaissanceburg der Fürstbischöfe – **Festung Marienberg**

Wahrhaft wehrhaft: 12 km Mauern und 6 km Wehrgänge errichteten die Fürstbischöfe, um sich vor den Bürgern von Würzburg zu schützen. Man kann sich gut vorstellen, dass das Verhältnis zwischen Herrschern und Untertanen nicht das entspannteste war. Trutzig dominiert die mächtige Burg die links des Mains gelegenen Stadtteile. Hier vermutet man auch den Beginn der Würzburger Stadtgeschichte.

Geheimnisvolle Lichtstimmung auf dem Wallweg um die Festung Marienberg. Der Graben war wohl nie mit Wasser gefüllt.

Die schutzbietende Lage auf einer nach drei Seiten steil abfallenden Erhebung hoch über dem Fluss wussten schon die Menschen der mittleren und späten Hallstattzeit (um 600–500 v. Chr.) zu schätzen, was archäologische Funde bewiesen.

Festung Marienberg #13

704 wurde urkundlich ein *castello Virteburch* erwähnt, was auf eine erste Befestigung schließen lässt. Eine Marienkirche wurde 706 bezeugt, die damit als älteste der Stadt gilt. Als erster Fürstbischof veranlasste Konrad von Querfurt Baumaßnahmen. Ab dem 13. Jh. befand sich hier die Hofhaltung der Fürstbischöfe. Nach 1720 wurde dann der Sitz der Fürstbischöfe in die Residenz in der Stadt verlegt. Nur noch rein militärisch genutzt, verfiel die Festung in der Folgezeit. Nach dem Ersten Weltkrieg übernahm die zivile Verwaltung des bayerischen Staates die Burg. Durch Endkriegsbomben wurde sie am 6. März 1945 stark beschädigt und ab 1947 wiederaufgebaut.

Die Burg wurde nur einmal in ihrer Geschichte eingenommen: 1631 von den Schweden. Laut Legende tranken diese den gesamten Weinkeller des Fürstbischofs leer, so dass man schnell die Brauerei Würzburger Hofbräu gründete, um eine Alternative zum Wein zu haben.

Viele Wege führen zur Burg

Ob Sie sich nun zu Fuß (über den Wanderweg von der Burkarderkirche durch die Weinberge, über die Tellsteige oder das 1990er-Landesgartenschaugelände), mit dem Auto (über die Höchbergerstraße und den Oberen Burgweg bis zum Besucherparkplatz am Höchberger Tor) oder Bus der auf einem Felssporn gelegenen Festung nähern, fallen immer die gewaltigen Verteidigungsanlagen auf ihrer flachen Westseite ins Auge. Beeindruckend schon der Gang durch den Hauptzugang, das **Schönborntor** 1. Auf dem Weg in den inneren Burghof lassen Sie zunächst den **Greiffenclauhof** 2 mit Neuem Zeughaus und Kommandantenbau hinter sich, durch das Echter- oder Michaelstor (mit Figur des Erzengels) in der Echterbastei erreichen Sie dann die zweite Vorburg, den **Echterhof** 3 (Kasse). Mitten auf dem Areal zeigt die Pferdeschwemme, welche Bedeutung Pferde für die Fürstbischöfe hatten, da Wasser auf einer Burg immer wertvoll war.

Auf den Kern gestoßen

So wie man in der Echterschen Vorburg das Wappen des Fürstbischofs mit den jeweils drei blauen Kringeln auf weißem Grund auf dem Tordurchgang zum Greiffenclauhof entdecken kann, ziert das Wappen des Rudolf von Scherenberg mit zwei Scheren das Scherenbergtor. Bewacht wird es von den Figuren der drei Frankenapostel und einer Statue der Muttergottes darüber. Über eine Brücke und durch dieses Tor gelangen Sie schließ-

Warum ist der Tunnel krumm? Durch einen langen, gebogenen Tunnel gelangen Sie durch das Schönborntor in den Greiffenclauhof. Die Krümmung sollte einst verhindern, dass die Feinde direkt hindurchschießen konnten.

#13 **Festung Marienberg**

Nach uraltem Brauch erfolgte das Begräbnis eines Fürstbischofs: In einem kleinen Sarg wurden die Eingeweide in der Marienkirche begraben. Der einbalsamierte Leichnam wurde angekleidet und auf einem Stuhl fixiert, um ihn dann in einer feierlichen Prozession zunächst ins Schottenkloster und am nächsten Tag über Brücke und Domstraße in den Dom zu bringen. Dort erwiesen dann die Bürger ihrem Herrn die letzte Ehre. Im Dom wurde der Körper des Bischofs beigesetzt. Heute zeigen schwarze Kreuze auf den Bodenplatten an, wo sich ein Grab befindet. Das Herz des Verstorbenen musste aber noch eine weitere Reise antreten: In einer silbernen Kapsel wurde es in das Kloster Ebrach gebracht. Kurz danach wählten die Domherren einen neuen Fürstbischof.

lich in den großen inneren Burghof. Dieser wird vom über 40 m aufragenden **Bergfried** 4 (um 1200) dominiert, der neben der Marienkirche als ältester Bauteil der Festung gilt.

Hinter dem Bergfried liegt die ungewöhnliche **Marienkirche** 5. Der Rundbau soll um das Jahr 1000 entstanden sein. Man betritt ihn durch ein Portal aus der Zeit Julius Echters, der die Kirche im Stil der Renaissance umgestalten ließ. Die Zierformen im Inneren stammen aus dem 17. Jh. In den Boden der Rotunde sind die Grabplatten von 20 Fürstbischöfen eingelassen. Interessant: Konrad von Bibra trägt seine Bischofsmütze nicht auf dem Kopf. Er soll nämlich keine Priesterweihe erhalten und zwei Kinder hinterlassen haben.

Wasser- und Gartenkunst

Das **Brunnenhaus** 6 in Form eines achteckigen Zentralbaus spiegelt die Wichtigkeit von Wasser auf einer Burg wider. Der tempelartige Bau mit seiner filigranen Architektur samt korinthischen Säulen, Wasserspeiern und Steingittern wurde auf Veranlassung Julius Echters von Jacob Wolff d. Ä. um 1600 errichtet. Ein bisschen als Fremdkörper wirkt die vergoldete Bronzefigur der nackten Fortuna auf der Dachmitte (vor der Wohnung des Fürstbischofs), eine Zutat des 20. Jh. (Fried Heuler, 1938). Im Inneren des Brunnenhauses (nur im Rahmen einer Führung zu besichtigen) findet sich eine über 100 m tiefe Zisterne, die noch auf das Mittelalter zurückgeht. Diese reicht bis zur Mainsohle und sicherte die Wasserversorgung. Gruselig ist die Besichtigung eines dunklen Verlieses (Burgführung), in dem Tilman Riemenschneider und 16 Ratsmitglieder während des Bauernkrieges eingekerkert waren.

Durch einen Gang in der Nordostecke des inneren Hofes gelangen Sie in ein Kleinod barocker Gartenkunst: den **Fürstengarten** 7. Das italienisch anmutende Lustgärtchen entstand um 1700 auf der sog. Schütt, der alten Batteriestellung auf der Ostseite der Burg. Genießen Sie den herrlichen Blick auf Würzburg sowie das Maintal.

An der Planung des **Maschikuliturms** 8 am Südhang der Burg war Balthasar Neumann beteiligt. Der Name des trutzigen viergeschossigen

Festung Marienberg *#13*

Rundturms leitet sich von Maschikulen ab – das sind spezielle Schießscharten, die sich im Boden (hier im vierten Geschoss) befinden. 1724–29 errichtet, verfiel der Turm, seit 1866 die Festungseigenschaft aufgehoben war. 1987–90 wurde er renoviert (nur mit Sonderführung zu besichtigen).

Aus alt mach neu: Generalsanierung

Bis voraussichtlich 2030 wird die innere Burg der Festung, die sich im zweiten Burghof rund um den Bergfried erstreckt, saniert. Zum Ende der Baumaßnahmen soll das **Museum für Franken** 9 dort in neue Räumlichkeiten einziehen. Während das Museum für Franken am alten Standort im Zeughaus weiterhin für Besucher geöffnet ist, sind seine Dependance, das Fürstenbaumuseum, sowie alle anderen Bauwerke in der inneren Burg und auch der Fürstengarten während der Bauarbeiten nicht öffentlich zugänglich.

INFOS/ÖFFNUNGSZEITEN

Festung Marienberg (Außenbereich): April–Okt. Di–So 9–18, Nov.–März Di–So 10–16.30 Uhr; Burgführungen im Außenbereich April–Okt. Di–So 10, 11, 13, 14, 15, 16, Nov.–März Di–So 11, 13, 14, 15 Uhr, Treffpunkt: Eingang zur Kasse in der zweiten Vorburg (Echterburg), 4 €, erm. 3 €

KULINARISCHES FÜR ZWISCHENDRIN

Auch die Burggaststätten in der inneren Burg und der Biergarten im Greiffenclauerhof sind bis auf Weiteres geschlossen. Packen Sie sich also Proviant ein, vor allem wenn Sie die im Sommer schweißtreibende Wanderung durch die Weinberge zur Festung machen. Oben gibt es weder Essen noch Getränke zu kaufen!

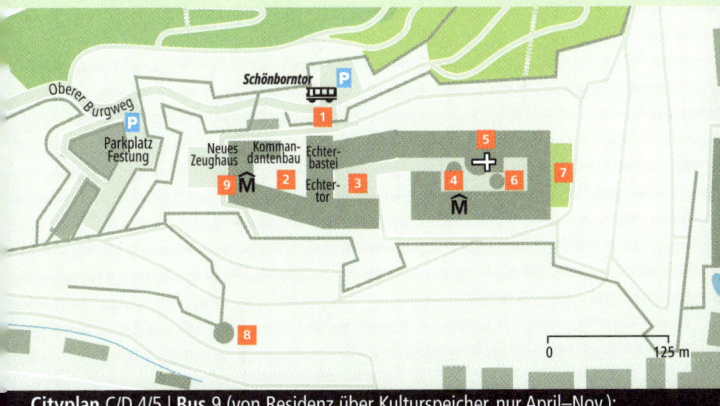

Cityplan C/D 4/5 | **Bus** 9 (von Residenz über Kulturspeicher, nur April–Nov.): Schönborntor; **Bus** 18: Oberer Burgweg

14

Kirchenkunst und schöne Aussichten – **vom Käppele zur Frankenwarte**

Mitten im Grün des Nikolausbergs ragt die gelb-weiße Doppelturmfassade des Käppele auf. Die faszinierende Wallfahrtskirche Mariä Heimsuchung ist ein später Kirchenbau von Balthasar Neumann, am schönsten zu erreichen über den von Platanen beschatteten Stationsweg. Und wenn Sie Lust auf einen kleinen Anstieg haben, wandern Sie noch zur Frankenwarte.

Gelb-weiß im Grün zeigt sich das Käppele, die Wallfahrtskirche Mariä Heimsuchung auf dem Nikolausberg.

Der **Stationsweg** 1 führt von der Nikolausstraße über doppelläufige Treppen, die durch fünf Terrassen gegliedert werden, in die Höhe. 14 Kapellen mit annähernd lebensgroßen Figurengruppen, die

Vom Käppele zur Frankenwarte #14

Johann Peter Wagner 1767/68 schuf, erzählen dabei den Leidensweg Christi bis zur Grablegung. Die vier Prophetenfiguren auf der untersten Terrasse stammen aus dem Jahr 1897 von dem Würzburger Bildhauer Arthur Schleglmünig.

Eine Kapelle wächst

Haben Sie den Aufstieg über knapp 300 Stufen geschafft, stehen Sie vor der beeindruckenden Doppelturmfassade mit der Fassadenfigur »Maria in der Hoffnung« – ebenfalls von Johann Peter Wagner. Die in Würzburg nur **Käppele** 2 genannte Kirche Mariä Heimsuchung entstand einst über einem wundertätigen Vesperbild. Schon bald wurde die um 1650 erbaute Gnadenkapelle zu klein, so dass nach mehreren Vergrößerungen 1748/49 der heutige Barockbau im westlichen Anschluss an die ursprüngliche Kapelle nach Plänen Balthasar Neumanns errichtet wurde.

Treten Sie durch das Hauptportal, weitet sich ein Zentralraum, an den sich drei Konchen anschließen, von denen die südliche leicht gestelzt ist, da sich hier der Altarraum befindet. Es herrschen die Formen des Rokoko vor, die Fresken stammen von Matthäus Günther, der Stuck von Johann Michael Feichtmayr. Nach Osten schließt sich die Gnadenkapelle an, deren klassizistische Stukkatur von Antonio Bossi sich von jener der Hauptkirche unterscheidet. In der Apsis sehen Sie das vielverehrte, von zwei Engeln flankierte Gnadenbild – eine Pietà oder Vesperbild aus Holz (um 1640).

Von der Gnadenkapelle führt eine Tür in den düsteren **Mirakelgang** an der Südseite des Kirchenraums. Bei katholischen Gläubigen ist es seit jeher üblich, sich in Notlagen mit einer Votivgabe an einen Heiligen bzw. Maria oder Jesus zu wenden oder sich bei Heilung oder Erfüllung dafür zu bedanken. Dies geschieht meist in Form von Bildtafeln. Aber auch wächserne Arme und Beine oder Säuglingsdarstellungen für einen Kinderwunsch bzw. dessen Erfüllung zeugen von dem bis heute lebendigen Brauchtum. Im Mirakelgang steht auch ein Diorama mit Mechanik: Das Jesuskind segnet die Gläubigen in einer Landschaft mit dem Käppele. Am Ende des Umgangs gelangen Sie in einen Kapellenraum mit einer Kopie des berühmten Gnadenbilds aus Altötting, der Schwarzen Madonna.

Auf der zweiten Terrasse des Stationsweges befindet sich im linken Bereich ein Stein mit einer Vertiefung. Laut Legende soll hier die Muttergottes ihren Fußabdruck hinterlassen haben.

Wer genau hinsieht, entdeckt am Portal des Käppele links eine eingemauerte Kanonenkugel. Sie soll darauf hinweisen, dass Maria bei einem Beschuss der Kirche die Kugeln persönlich mit ihrem Schleier aufgefangen habe.

#14 Vom Käppele zur Frankenwarte

In der Frankenwarte residiert auch die Akademie der Gesellschaft für politische Bildung

Neogotik sorgt für Überblick

Möchten Sie weiter den Nikolausberg hinauf Richtung Frankenwarte wandern, steigen Sie zunächst am besten hinter der Kirche die Treppen hoch, nicht ohne einen Blick auf die fantastisch geschwungene Dachlandschaft des Käppele zu werfen. Durch den Wald laufen Sie anschließend eine knappe halbe Stunde in Richtung Westen weiter bergauf auf die Höhe, wo die **Frankenwarte** 3 steht, ein neugotischer Aussichtsturm, den der Würzburger Stadtverschönerungsverein Ende des 19. Jh. errichten ließ. Mit einer Ein-Euro-Münze gelangen Sie durch ein Drehkreuz ins Innere und können zur Aussichtsplattform hinaufsteigen, von der sich ein weiterer großartigerer Ausblick auf die Stadt bietet.

INFOS/ÖFFNUNGSZEITEN

Käppele 2: www.kaeppele-wuerzburg.de, Sommer tgl. 8.30–18, Winter tgl. 8.30–16 Uhr. Bei Anfahrt mit dem PKW: Parken nur auf dem Parkplatz beim Albert-Günther-Weg, Zufahrt über die Frankenwarte; mit dem Bus Linie 35 ab Haltestelle Sanderring
Frankenwarte 3: Aussichtsturm April–Sept. 8–19, Okt.–März 9–16 Uhr, Sie brauchen eine 1-Euro-Münze für das Drehkreuz.

KULINARISCHES FÜR ZWISCHENDRIN

Nikolaushof 1: Johannisweg 2, T 0931 79 75 00, www.nikolaushof.com, Mai–Sept Di–Fr 14–23, Okt.–April Di–Fr 16–23, Sa/So 12–23 Uhr, €€–€€€. Gehoben Fränkisches und Internationales mit schöner Aussicht.
Schützenhof 2: Mainleitenweg 48, T 0931 724 22, www.schuetzenhof-wuerzburg.de, Di–Sa 11–23, So/Fei 11–21 Uhr, €–€€. Fränkisches unter alten Kastanien auf der großen Terrasse.

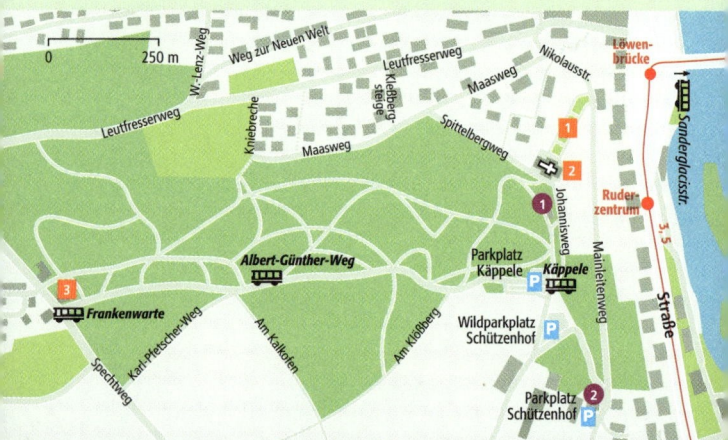

Dreimal Alte Mainbrücke – **eine Radtour entlang des Mains**

 # 15

Auch in der Umgebung Würzburgs gibt es zahlreiche lohnenswerte Ziele zu entdecken. Wer gerne mit dem Rad oder mit dem Elektrofahrrad unterwegs ist, hat in Würzburg den idealen Ausgangspunkt zur Erkundung des Maindreiecks auf dem Mainradweg. Die vielfältige Landschaft und die idyllischen Weindörfer machen eine Radtour zum Erlebnis.

Startpunkt ist die **Alte Mainbrücke** 1 in Würzburg vor dem Kaufhaus Wöhrl. Dem Hinweisschild an der Straßenlaterne rechts vor der Brücke folgend geht es zunächst durch die Glockengasse (links vom Eingang des Kaufhauses Wöhrl) und die Büttnerstraße, an deren Ende rechts über die

Goldene Badewanne: Die ungewöhnliche Brunneninstallation in Randersacker verweist auf den Baumeister Balthasar Neumann.

#15 Radtour entlang des Mains

Nach der Gregorianischen Kalenderreform 1582 wurden im konfessionell geteilten Randersacker alle Feste im Abstand von 10 Tagen zweimal gefeiert.

Die Brunneninstallation »Balthasars Badewanne« von Matthias Braun (2014) mit dem goldenen Wasserbecken wird immer wieder mal zum Gegenstand von Scherzen. So wurde im Fasching eine goldene Toilettenschüssel daneben platziert und immer mal wieder schäumender Badezusatz in die Wanne gegeben.

Wirsbergstraße an den Main. Ein Schild weist hier auf Ochsenfurt in 19 km Entfernung hin. Vorbei am Käppele auf der gegenüberliegenden Mainseite und über den Ludwigskai gelangen Sie zum **Sebastian-Kneipp-Steg** 2, der die Sanderau mit dem Steinbachtal verbindet. Der Radweg führt jedoch auf dieser Seite weiter.

Eine erste Einkehrmöglichkeiten bietet nach 3–4 km die **Vereinsgaststätte Zur Feggrube** 1 mit griechischen Gerichten. Besonders schön sitzt man noch ein Stückchen weiter im **Biergarten am Glashaus** 2. Hier entstand vor einigen Jahren in einer ehemaligen Gärtnerei mit viel Liebe zum Detail ein Gastronomiebetrieb mit großem Garten. Bis hierher eignet sich die Tour auch für einen Spaziergang, allerdings ist im Sommer allerhand los auf dem Radweg. Wenn Sie hier schon den Rückweg antreten möchten, nehmen Sie an der Haltestelle Alandgrund die Busse 551/552 oder 554/555.

Premium-Weinort

Bald ist der schöne Weinort **Randersacker** 3 in Sicht. Am hübsch gestalteten Mainufer können Sie auf fest installierten Stühlen und Bänken pausieren und dem Fließen des Mains zusehen. Und haben hier die beste Möglichkeit, die viel befahrene Straße zu unterqueren. Hinter der Unterführung liegt gleich rechterhand ein Kinderspielplatz und auf dem Ortsplatz ist eine ungewöhnliche Brunneninstallation zu entdecken: **»Balthasars Badewanne«**. Sie soll an den großen Baumeister erinnern, der sich 1750 schräg gegenüber an der Hauptstraße einen Gartenpavillon errichten ließ, dessen Maße dem des Goldenen Schnitts entsprechen. Läge man in der Wanne, würde man direkt auf den Pavillon blicken. Aber auch die St.-Stephanus-Kirche mit romanischem Turm sowie der alte Ortskern sind einen Abstecher wert.

Die Einkehr lohnt hier im **Gasthof Bären** 3, der feine fränkische Küche serviert, im **Weinhaus Ewig Leben** 4, in dem Sie naturbelassene Weine aus dem Weingut Trockene Schmitts genießen, oder im **Café MainCottage** 5 mit selbstgebackenem Kuchen sowie angeschlossenem Laden für Wohn-, Garten- und Modeaccessoires.

Weiter geht es Richtung Eibelstadt immer am Fluss entlang. Zwischen Radweg und Main hat der Wassersportclub Eibelstadt einen öffentlichen Stellplatz für Wohnmobile und Caravans mit Gaststätte geschaffen. Eine weitere Rastmöglichkeit bietet der **Landgasthof zur Mühle** ❻ mit großer Terrasse auf halber Strecke zwischen Würzburg und Ochsenfurt bei Eibelstadt.

Vorbei am Gewerbegebiet sollten Sie nicht versäumen, auf Höhe der Schiffsanlegestelle unter der Straße hindurch nach **Eibelstadt** ❹ hineinzufahren. Durch den Torbogen gelangen Sie vorbei an einigen Winzerhöfen auf den schönen Marktplatz mit Mariensäule, barockem Amtshaus und der Pfarrkirche St. Nikolaus. An der Hauptstraße lockt das Altstadthotel **Weinforum Franken** ❼ mit Vinothek.

So ein Theater!

Weiter führt der Radweg nach **Sommerhausen** ❺. Direkt am Main liegt hier das **Gasthaus zum Anker** ❽. Schon im 17. Jh. als Treidlerstation eingerichtet, gehört das um 1740 gebaute Wirtshaus zu den ältesten im Ort. Hier zweigt auch der Radweg Richtung Ortsmitte ab, die Sie sich auf keinen Fall entgehen lassen sollten. Sommerhausen lockt mit seinem historischen Kern samt Stadtmauer, Schloss und Rathaus mit Treppengiebel, aber auch mit Kunstgewerbe und Wein.

Überregional bekannt ist das Torturmtheater (www.torturmtheater.de), 1950 von Luigi Malipiero gegründet. In der Nachfolge von Veit Relin wird das kleine Theater heute von dessen Witwe Angelika geführt. Gourmets kommen in Sommerhausen ebenfalls auf ihre Kosten: Das mit einem Michelinstern ausgezeichnete **Restaurant Philipp** ❾ bietet Edles für den Gaumen.

Obstbäume und Kleingärten

Zwischen Sommerhausen und Kleinochsenfurt geht es vorbei an Obstbaumwiesen, zusammen mit den dahinter liegenden Steilhängen mit Weinanbau der landschaftlich schönste Teil der Strecke. Bald kommt schon die Schleuse Ochsenfurt-Goßmannsdorf in Sicht und vorbei an der Kleingartenanlage von Kleinochsenfurt endet der rechtsmainische Radweg an der **Alten Mainbrücke** in **Ochsenfurt** ❻. Hier überquert man den Main und fährt, den Hinweisschildern Richtung Marktbreit folgend, linksmainisch die Uferstra-

Vor dem Genuss steht die Arbeit: In den mainfränkischen Weinbergen wird zum großen Teil noch von Hand gelesen – hier in Randersacker.

Statt die Mainseite zu wechseln, besteht auch die Möglichkeit rechtsmainisch weiter am Freibad Ochsenfurt vorbei (Badepause) nach Frickenhausen und Segnitz zu radeln und dort erst über die Brücke auf die andere Flussseite hinüberzufahren. In **Frickenhausen** lohnt besonders im Sommer die Eisdiele Salvas im Rathaus (▶ S. 80).

#15 Radtour entlang des Mains

Ritter Hans Jörg wacht auf seinem Marktbrunnen seit 1574 über Sommerhausen. Er soll das Marktrecht der Bürger des Weinorts symbolisieren.

KÜHL & NASS

Hinein ins kühle Nass: Das **aqua-sole** ❶ in Kitzingen ist ein Solehallenbad mit Sauna und einem Freibad auf einer Maininsel (Marktbreiter Str. 8, T 09321 39 00 70, www.aqua-sole.de). Das Ochsenfurter Freibad, das **Main Insel Bad** ❷, liegt ebenfalls auf einer Maininsel (Frickenhäuser Str. 35, T 09331 26 00, www.kso-ochsenfurt.de). In den Örtchen entlang des Mains laden auch einige schöne **Badebuchten** dazu ein, sich in den Fluten des Mains abzukühlen: etwa in Frickenhausen, Segnitz, Marktbreit (etwas abseits bei der Pizzeria Catania) oder in Marktsteft (am Radl' Imbiss links vom Mainradweg abbiegen).

ße an der Stadtmauer entlang bis zum Abzweig des Radweges. Ochsenfurts historische Altstadt mit seinen Fachwerkhäusern ist einen Zwischenstopp wert. Besonders schön ist das Neue Rathaus (1515) mit Lanzentürmchen, Figuren- und Monduhr, Freitreppe und Narrenhäuschen. An der verkehrsberuhigten Hauptstraße laden Cafés und Gasthäuser zum Besuch ein. Der Radweg führt am Ortsausgang um die Zuckerfabrik der Südzucker AG (drittgrößte Zuckerfabrik Deutschlands) herum und dann parallel zur Straße 5 km nach Markbreit.

Römerlager und Malerwinkel

Am südlichsten Punkt des Maindreiecks bietet **Marktbreit** ❼ eine reizvolle Altstadt mit Bauten der Renaissance und des Barock, insbesondere das Rathaus und das Seinsheimer Schloss. Eine besonders romantischer Anblick ist das Malerwinkelhaus am Breitbach. In dem hier untergebrachten Museum sind u. a. Funde des Römerlagers zu sehen, das 1985 auf dem Kapellenberg oberhalb des Ortes entdeckt wurde. Der schöne Fachwerkbau des **Hotel Löwen** ❿ gilt als zweitältestes Gasthaus Bayerns.

Auf der Höhe des schönen Renaissance-Rathauses passiert der Radweg die Hauptverkehrsstraße und führt dann in die dazu parallel gelegene Mainstraße und durch das Gewerbegebiet. Man überquert die Straße nach Michelfeld und kommt unterhalb der Weinhänge fahrend nach **Marktsteft** ❽. Immer der Beschilderung Richtung Kitzingen folgend fährt man zunächst durch das Gewerbegebiet, in dem die **Bäckerei Matthäus** ⓫ zur Pause einlädt. Weiter geht es quer durch Marktsteft bis wieder direkt an den Main. Hier weist ein Schild auf den ersten Binnenhafen Bayerns (1711–29) hin. Einige Hundert Meter weiter können Sie im Sommer am **Radl' Imbiss** Ihren Durst löschen. Rund 4 km geht es nun parallel zum Main gemütlich dahin, bis vorbei an der Staustufe Hohenfeld die ersten Brücken von Kitzingen erreicht sind. Radeln Sie parallel zum Fluss weiter, vorbei am Campingplatz, dem Hallen- sowie Freibad **aqua-sole** ❶, unter der Neuen Mainbrücke hindurch bis zur Alten Mainbrücke von **Kitzingen** ❾, dem Ziel der Tour nach 35 km. Die Fußgängerzone beginnt auf der anderen Mainseite und führt zum Marktplatz (▶ S. 81).

Radtour entlang des Mains #15

INFOS & KULINARISCHES

Radverleih: Bikes & More (▶ S. 112).
Zur Feggrube ❶: Heiner-Dikreiter-Weg 1, Würzburg, T 0931 32 09 10 72, www.zur-feggrube.de, Di–Fr 11–14.30, 17–24, Sa/So 11–24 Uhr, €–€€
Biergarten am Glashaus ❷: Alandsgrundweg 7, Würzburg, T 0931 88 06 50 47, www.garten-restaurant-am-glashaus.de, Do–Sa 14–22, So 12–22 Uhr, €
Gasthof Bären ❸: Würzburger Str. 6, Randersacker, T 0931 705 10, www.baeren-randersacker.de, tgl. außer So, €–€€
Weinhaus Ewig Leben ❹: Maingasse 14a, Randersacker, T 0931 46 55 99 33, www.trockene-schmitts.de, Mi–Sa 17–23, So 11–15, 17–21 Uhr, €–€€
Café MainCottage ❺: Würzburger Str. 7, Randersacker, T 0931 32 92 93 33, www.maincottage.de, Di–Fr 11–18, Sa 11–17 Uhr, €
Landgasthof zur Mühle ❻: Mühle 1, Eibelstadt, T 09303 984 96 18, www.mühle-mainblick.de, Mai–Sept. Mo 15–22, Di–So 11–22, Okt.–April Mi–Fr 16–22, Sa/So 11–22 Uhr, €–€€
Weinforum Franken ❼: Hauptstraße 37, Eibelstadt, T 09303 984 50 90, www.weinforum-franken.de, Vinothek tgl. 12–18, Restaurant Di ab 19, Mi, Fr, Sa, So ab 18 Uhr, €–€€
Gasthof zum Anker ❽: Maingasse 2, Sommerhausen, T 09333 232, www.gasthof-anker.de, €
Restaurant Philipp ❾: Hauptstr. 12, Sommerhausen, T 09333 14 06, www.restaurant-philipp.de, Fr 18.30–23, Sa/So 12–14.30, 18.30–23 Uhr, €€€
Löwen ❿: Marktstr. 8, Marktbreit, T 09332 505 40, www.loewen-marktbreit.de, Di–Sa 17–21, Fr/Sa zusätzl. 11.30–14 Uhr, So wechselnd, €–€€
Bäckerei Matthäus ⓫: Am Traugraben 11, Marktsteft, T 09332 59 17 34, www.baeckerei-matthaeus.de, Mo–Fr 5.30–18, Sa 5.30–14 Uhr, €

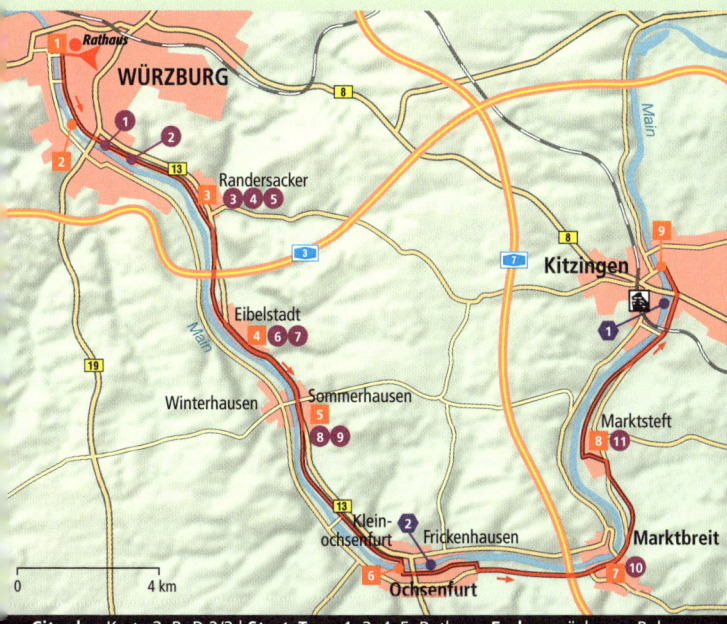

Cityplan Karte 3, B–D 2/3 | **Start:** Tram 1, 3, 4, 5: Rathaus, **Ende:** zurück vom Bahnhof Kitzingen mit dem Regionalzug | **Länge** ca. 35 km

Würzburger Museumslandschaft

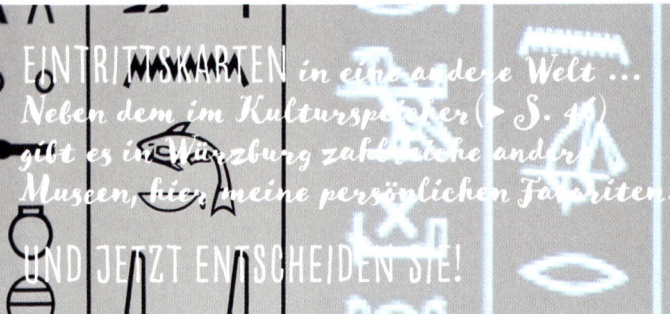

EINTRITTSKARTEN in eine andere Welt …
Neben dem im Kulturspeicher (▶ S. 49)
gibt es in Würzburg zahlreiche andere
Museen, hier meine persönlichen Favoriten:
UND JETZT ENTSCHEIDEN SIE!

Museum für Franken
April–Okt. Di–So 10–17,
Nov.– März Di–So 10–16 Uhr
5/4 €, So nur 1 €,
bis 17 J. frei

○ JA ○ NEIN

Die hochkarätige Sammlung des Mainfränkischen Museum auf der Festung Marienberg wird neu konzipiert. Ein Muss: der bronzene Kultwagen aus Acholshausen und die Riemenschneider-Sammlung.
📍 C 5, www.museum-franken.de

Fürstenbaumuseum
Wegen Sanierungsarbeiten
bis voraussichtl. 2030
geschlossen

○ JA ○ NEIN

Wie wohnten die Fürstbischöfe? Hier sehen Sie es, ebenso prunkvolle Gewänder und Kleinskulpturen. Schreiten Sie über die kunstvolle Bibra-Treppe. Beeindruckend: zwei große Stadtmodelle von Würzburg.
📍 D 5, www.museum-franken.de

Museum am Dom
Di–So 12–17 Uhr
5/4 €

○ JA ○ NEIN

Gleich neben dem Dom zeigt das MAD Kunst aus dem 10.–21. Jh. Arbeiten von Ernst Barlach, Joseph Beuys, Tilman Riemenschneider oder Keith Haring werden einander auf spannende Weise gegenübergestellt.
📍 Karte 2, B 4, www.museum-am-dom.de

Mind-Center
Mi, Sa, So 14–18 Uhr, Fei geschl.
5/3 € (auch Familienkarten)

○ JA ○ NEIN

Hier wird Wissenschaft erlebbar! Interaktive Exponate zu naturwissenschaftlichen Themen im Didaktik-Zentrum MIND auf dem Campus Hubland Nord. Es geht um Atome, Lichtgeschwindigkeit und vieles mehr.
📍 Karte 3, C 2, www.mind.uni-wuerzburg.de

Würzburger Museumslandschaft

Martin von Wagner-Museum
Antikensammlung Di–Sa 10–13.30, Gemäldegalerie Di–Sa 13.30–17; So 10–13.30 Uhr im wöchentlichen Wechsel

○ JA ○ NEIN

Tauchen Sie ein in die Welt der Antike in einem der größten Universitätsmuseen Europas und entdecken Sie z. B. eine spektakuläre Sammlung griechischer Vasen. Eintritt frei.
📖 Karte 2, D 4, www.martinvonwagner-museum.com

Mineralogisches Museum
Mi und So 14–17 Uhr
Eintritt frei

○ JA ○ NEIN

Im Erdgeschoss des Instituts für Geografie und Geologie der Universität am Hubland sind auf 500 m² Tausende Mineralien, Edelsteine, sogar Meteoritstückchen ausgestellt.
📖 Karte 3, C 2, www.mineralogisches-museum.uni-wuerzburg.de

Röntgen-Gedächtnisstätte
Mo–Fr 8–14 Uhr
Eintritt frei

○ JA ○ NEIN

Am 8. November 1895 entdeckte der Nobelpreisträger von 1901 Wilhelm Conrad Röntgen in Würzburg jene berühmten Strahlen, die er selbst zunächst X-Strahlen nannte.
📖 Karte 2, B 1, www.wilhelmconradroentgen.de

Shalom Europa – Jüdisches Museum
Mo–Do 10–16, So 11–16 Uhr
3/2 €, bis 18 J. 1 €, unter 10 J. frei

○ JA ○ NEIN

Exponate zum traditionell-jüdischen Leben. Eine Besonderheit: über 1400 Grabsteine und -fragmente aus der Zeit von 1147 und 1346, die 1987 bei Abrissarbeiten im Würzburger Stadtteil Pleich gefunden wurden.
📖 G 4/5, www.museumshalomeuropa.de

Siebold-Museum
Di–So 14.30–17.30 Uhr
4,50/3,50 €

○ JA ○ NEIN

Das kleine Museum ist Leben und Arbeit des Würzburger Mediziners und Naturforschers Philipp Franz von Siebold gewidmet, dem wissenschaftlichen Entdecker Japans.
📖 Karte 3, B 2, www.siebold-museum.byseum.de

Ausflüge mainauf, mainab

Nicht nur in Würzburg selbst gibt es viel zu entdecken: Auch die Umgebung und insbesondere das Maintal hält noch manche Überraschung bereit – von kleinen mauerbewehrten Weindörfern bis zu schönen Städtchen wie Kitzingen und Karlstadt. Oder gehen Sie mit auf Radtour (▶ S. 73)!

Bummel durch alte Gassen
Frickenhausen am Main
Karte 4, B 3
Das hübsche Dörfchen zählt zu den ältesten im Maintal und bietet ein schönes historisches Ortsbild mit Fachwerk- und Barockhäusern sowie einer alten Stadtmauer mit Toren und Türmen. Bekannt ist die Weinlage Kapellenberg über dem Ort. Rebensaft können Sie u. a. bei den Weingütern Meintzinger (www.weingut-meintzinger.de), Bickel-Stumpf (www.bickel-stumpf.de) oder dem Bio-Weingut Laudens Bach (www.laudensbach.de) erstehen. In Salvas Eisladen im Gewölbe des historischen Rathauses lässt handgemachtes Eis mediterranes Lebensgefühl aufkommen (www.salvas-eisladen.de). Fränkische Spezialitäten speist man seit 1926 in der Weinstube Ehrbar (www.ehrbar-weinstube.de).
www.frickenhausen-main.de
Anfahrt: Bus 554/555 vom Busbahnhof; mit dem Rad auf dem Mainradweg (▶ S. 73).

Wie aus dem Bilderbuch
Karlstadt Karte 4, A 1
Hoch über dem Fluss ragt auf der linken Mainseite die eindrucksvolle Ruine der **Karlsburg** aus dem Grün der Bäume. Die erste Burganlage wurde im 10. Jh. errichtet und später mehrfach umgebaut. 1525 im Bauernkrieg zerstört, blieb sie als Ruine stehen. Von dort oben haben Sie einen faszinierenden Blick auf den Ort und das Maintal. Karlstadt mit seiner Stadtmauer, den Türmen und Toren ist ein Bilderbuchstädtchen. Auffällig ist das regelmäßige **Straßengitter,** das so auf das Jahr 1200 zurückgeht. Unter zahlreichen anderen historischen Gebäuden ragt das **Rathaus** am Marktplatz heraus: Der 1422 errichtete Bau beherbergt eine dreischiffige Markthalle im Erdgeschoss und den größten Bürgersaal Frankens im ersten Stock. Charakteristisch sind der Stufengiebel und die doppelläufige Freitreppe, den First schmückt das Glockentürmchen der Rathausuhr. In einer Nische über der Uhr steht das ›Schwedenmännle‹ aus dem Jahre 1718, das fünfmal täglich die Landsknechtweise »Vom Barette schwankt die Feder« hören lässt. Die **Pfarrkirche St. Andreas** birgt viele bedeutende Kunstwerke unter ihrem schönen Gewölbe mit gemalten Blumen und Sternen, die **Spitalkirche** Fresken aus dem 15. Jh.
Hat Würzburg seinen Brückenschoppen, so hat Karlstadt seinen Mauerschoppen: Vor dem Tor der Maingasse sitzt man am Ufer des Flusses vor der Stadtmauer und genießt seinen Frankenwein, den man beim **Main Mäuerle** (www.main-maeuerle.de) holt oder direkt daneben im **Denkmal** (www.denk-mal-karlstadt.de) in einem ehemaligen Handelshaus von 1576 mit Ferienwohnungen und kleinem Café. In schönem Ambiente speisen Sie direkt am Marktplatz im **Wirtshaus zur Rose** (€–€€, besonders lecker: die Süßkartoffelpommes!).
Tourist-Information, Hauptstr. 9–11, T 09353 90 66 88, www.karlstadt.de. Stadtführung »fünf vor zwölf«, April–Okt. Sa 11.55 Uhr, 4 €
Anfahrt: mit dem Zug von Würzburg stdl. im Regionalexpress Richtung Frankfurt, auch Regionalbahnen und Busse (8065/8068); mit dem Rad auf dem Mainradweg; jeden Do im Aug. auch mit dem Schiff (www.schiffstouristik.de)

Ausflüge

Vier Tore gewähren Einlass in den alten Weinort Frickenhausen am Main.

Alte Weinhandelsstadt
Kitzingen 🕮 Karte 3, D 2/3
Mittelpunkt ist der **Marktplatz** mit stattlichen Bürger- und hübschen Fachwerkhäusern sowie dem beeindruckenden **Renaissance-Rathaus** (1563). Hier versammeln sich die meisten Cafés der Stadt. In der Nähe wächst der **Marktturm** fast 40 m in die Höhe. Gegenüber erhebt sich die mächtige Fassade der **evangelischen Stadtkirche,** die vom auch in Würzburg tätigen Baumeister Antonio Petrini erbaut und 1699 geweiht wurde. Die katholische **Kirche St. Johannis** stammt aus der Spätgotik und beeindruckt mit reicher Steinmetzkunst. Neben Marktturm und Kirchtürmen bestimmt der **Deusterturm** die Stadtsilhouette mit. Ersterer gehörte einst zum Schloss der Familie von Deuster, das im Zweiten Weltkrieg jedoch zerstört wurde. Der **Falterturm** mit seinem auffällig schiefen Dachstuhl ist das Wahrzeichen der Stadt. Laut Legende mischten die Handwerker den Mörtel mit Wein statt mit Wasser an, so dass ein ›beschwipster‹ Turm entstand. Fränkische Spezialitäten bietet nur ein kleines Stück vom Marktplatz entfernt das **Hotel Bayerischer Hof** (www.bayerischerhof.info, €–€€).

Die **Alte Synagoge** erinnert nach Zerstörungen in der Reichspogromnacht heute wieder daran, dass es in Kitzingen einst eine große jüdische Gemeinde gab. Sie wird vor allem als Kultur- und Veranstaltungshaus genutzt. Über die für PKW gesperrte Alte Mainbrücke gelangen Sie in den Stadtteil **Etwashausen.** Die dortige Heilig-Kreuz-Kapelle stammt von Balthasar Neumann.
Und dann hat Kitzimgen noch zwei echte Museumsraritäten zu bieten: Das **Deutsche Fastnachtmuseum** (www.deutsches-fastnachtmuseum.byseum.de) zeigt die bedeutendste Sammlung zu diesem Thema im deutschsprachigen Raum und wurde 2013 in der Luitpoldstraße eröffnet. Und in einem der schönsten und ältesten Bürgerhäuser Kitzingens ist das **Conditorei-Museum** (www.conditorei-museum.de) am Markt untergebracht. 1831 wurde hier die erste Konditorei der Stadt eröffnet. Die Ausstellungsstücke rund um das Bäcker- und Konditorenhandwerk stammen größtenteils aus dem 18./19. Jh.
www.kitzingen.info
Anfahrt: von Würzburg fast stdl. mit dem Regionalexpress Richtung Nürnberg, zusätzlich Regionalbahnen und Bus 8101; mit dem Rad, ▶ S. 73

Ausflüge

Mauerumwehrt
Sulzfeld am Main Karte 3, D 3
Über 20 Türme haben sich mit der mittelalterlichen Stadtmauer von Sulzfeld am Main erhalten. Das Winzerdorf mit den bekannten Weinlagen Cyriakusberg und Maustal bietet auch schöne Gassen mit alten Häusern – fränkische Idylle eben. Am Marktplatz erhebt sich das beeindruckende **Rathaus** vom Anfang des 17. Jh. mit seinem reich geschmückten Volutengiebel. Die Weine des Ortes probieren Sie am besten auf dem Weinfest am ersten Augustwochenende. Hier ist auch die Heimat der Meterbratwurst, die man neben anderen fränkischen Spezialitäten z.B. im **Gasthaus Zum Stern** (www.stern-sulzfeld.de, €–€€) genießt.

https://sulzfeld-main.de
Anfahrt: mit dem Regionalexpress nach Kitzingen (▶ S. 81), dann auf der rechten Mainseite mit dem Rad nach Sulzfeld (ca. 4,5 km) oder mit dem Bus 8112 ab Kitzinger Bahnhof.

Schloss und Rokokogarten
Veitshöchheim Karte 3, A/B 1
In Veitshöchheim ließen es sich die Würzburger Fürstbischöfe wohlergehen! Das **Schloss** wurde 1680–82 als fürstbischöflicher Jagd- und Sommersitz erbaut, Mitte des 18. Jh. durch Balthasar Neumann erweitert und mit einem repräsentativen Garten versehen. Bereits Fürstbischof Johann Philipp von Greiffenclau hatte ab 1702 damit begonnen, die Schlossumgebung in einen Zier- und Lustgarten zu verwandeln. In der zweiten Hälfte des 18. Jh. ließ Adam Friedrich von Seinsheim den **Rokokogarten** in seiner heutigen Form anlegen. Über 200 Figuren (Tierdarstellungen, Personifikationen der Götter und Künste) der Hofbildhauer Johann Wolfgang van der Auvera, Ferdinand Tietz und Johann Peter Wagner stehen in der Gartenanlage. Es gibt u. a. einen großen Brunnen mit dem Musenberg Parnass samt Pegasus, ein Grottenhaus, das mit Tausenden von Muscheln verziert ist und an dem sich seltsames Getier findet, ein Chinesisches Häuschen und ein Gartentheater zu entdecken.

www.tourismus-veitshoechheim.de
Schloss: www.schloesser.bayern.de, April–Mitte Okt Di–So 9–18 Uhr, Mitte Okt.–März geschl., 5 €, erm. 4 €, unter 18 J. frei
Garten: tgl. 8 Uhr bis Einbruch der Dunkelheit, längstens bis 20 Uhr, Wasserspiele April–Okt. tgl. 13–17 Uhr zu jeder vollen Std., Eintritt frei
Anfahrt: Zug ab Würzburg Hauptbahnhof oder Bus 11 (Richtung Veitshöchheim), Bus 19 (Richtung Güntersleben) und Bus 8065 (Richtung Thüngersheim/Karlstadt) ab Busbahnhof vor dem Hauptbahnhof bis Veitshöchheim-Kirchplatz; mit der Weißen Flotte (www.mainschifffahrt.de, www.schiffstouristik.de) ab dem Alten Kranen Mitte April–Mitte Okt., in der Hauptsaison stdl. Abfahrt (einfach 12 €, hin & zurück 15 €)

Seltsames Getier am Grottenhaus im Rokokogarten des Schlosses Veitshöchheim

Ausflüge

Wein und mehr
Volkacher Mainschleife
📖 Karte 4, C 2

Die Mainschleife gilt als eines der schönsten Weinbaugebiete Frankens und hat neben Weingenuss und landschaftlicher Schönheit auch so manche kulturelle Perle zu bieten. Beim Örtchen Fahr beginnt der Main einen Felssporn zu umfließen, auf dessen Anhöhe sich die **Vogelsburg** erhebt. Die Anlage hat eine bewegte Geschichte als Höhenfestung der Kelten und Kloster, die bis ins 9. Jh. zurückreicht. Ende des 19. Jh. entstand ein Ausflugslokal, die heutige Gaststätte und das neu gestaltete Hotel gehören zum Juliusspital in Würzburg. Am Scheitelpunkt der Mainschleife liegt **Volkach** (www.volkach.de) mit seiner malerischen Altstadt, in der schöne Bürgerhäuser, Stadttore und das Renaissance-Rathaus aus dem Jahre 1544 sowie die spätgotische Stadtpfarrkirche St. Bartholomäus aus dem 15. Jh. zu einem Besuch einladen. Vor den Stadttoren liegt die bekannte Wallfahrtskirche Maria im Weingarten auf dem Kirchberg inmitten von Weinbergen. Größter Schatz der in der zweiten Hälfte des 15. Jh. entstandenen Kirche ist die »Madonna im Rosenkranz« von Tilman Riemenschneider im Chorbogen. Äußerst beliebt ist das Fränkische Weinfest, das alljährlich Mitte August über 120 Frankenweine zur Auswahl bietet. Durch einen Kanal zwischen Volkach und Gerlachshausen ist ein Teil der Mainschleife für die Schifffahrt abgeschnitten, wodurch die sog. Weininsel mit den bekannten Winzerorten Nordheim und Sommerach entstand.
Über 50 Weingüter machen **Nordheim** (www.nordheim-main.de) zum größten Weinbauort Frankens. Mit dem schönen Renaissance-Gebäude des Zehnthofes, den barocken Hoffassaden und den Fachwerkgiebeln bildet es ein schönes Ortsbild. Die Vinothek **Divino** (www.divino-wein.de) der Winzergenossenschaft eröffnet dem Besucher eine »Weinerlebniswelt«: Auf über 1000 m² beschäftigt man sich in einem modernen Ambiente mit dem Thema Wein.

Herbstleuchtende Weinblätter

Seit dem 11. Jh. wird in **Sommerach** (www.sommerach.de) der Weinbau gepflegt. Hier hat sich die Dorfbefestigung mit Türmen und Toren aus dem 15./16. Jh. weitgehend erhalten, stolze Bürgerhäuser und schmucke Fachwerkbauten bilden fast schon eine Bilderbuchkulisse. Probieren können Sie die Weine der Sommeracher Lagen Katzenkopf, Engelsberg und Rosenberg etwa auf dem Weinfest am zweiten Wochenende im Juli oder beim »Erleben und Genießen« am ersten Wochenende im September.
Doch der Kanal hat nicht nur eine Abkürzung für die Schifffahrt geschaffen, er hat auch ein Stück Main der Natur zurückgegeben. Seltene Pflanzen und Tiere konnten hier ihren Lebensraum zurückgewinnen und Wasserproben bescheinigen seit mehreren Jahren, dass man hier unbedenklich baden kann. Auch mit dem Floß oder Kanu wird die Mainschleife gern erkundet.

Die Mainschleifenbahn fährt Mai–Okt. mit ihren nostalgischen Schienenbussen an jedem Sonn- und Feiertag von Seligenstadt bei Würzburg nach Volkach und zurück. Fahrplan und Ticketpreise: www.mainschleifenbahn.de; mit dem Schiff rund um die Mainschleife: www.mainschifffahrt.info

Pause. Einfach mal abschalten

Würzburg ist erstaunlich grün, mitten in der Stadt ruhige Plätzchen, von Bäumen beschattet, und der Ringpark ist mit seinen 3,5 km um die Altstadt von überallher gut zu erreichen. Für Wasserratten ist der Main in der Stadt nicht unbedingt zu empfehlen, dafür gibt es im Maintal vielerorts Badebuchten.

Allervielfältigstes Grün
Botanischer Garten ⌘ Karte 3, B 2
Der Botanische Garten der Universität Würzburg befindet sich seit 1960 auf dem Dallenberg, als Einrichtung existiert er jedoch schon seit 1696 (als Arzneipflanzengarten des Juliusspitals). In diesem Sinne gilt er als ältester Botanischer Garten Bayerns. Heute werden hier auf 9 ha und in 15 Gewächshäusern 9000 Pflanzenarten aus aller Welt präsentiert, wobei auch die heimische Flora (z. B. die mainfränkische Trockenwiese) ihren Platz hat.

Ein Stück wildromantische Natur, die man so in einer Großstadt nicht erwartet, birgt die **Annaschlucht.** Angelegt und finanziert wurde der Weg von Valentin Alois Fischer (Vorsitzender des Verschönerungsvereins Würzburgs), der die Schlucht nach seiner früh verstorbenen einzigen Tochter benannte. Er führt ca. 500 m über Treppen und Brückchen über 150 Höhenmeter vom Nikolausberg hinab ins **Steinbachtal**, das selbst wiederum mit einer Parkanlage aufwarten kann, die Ende des 19. Jh. vom Würzburger Verschönerungsverein gestaltet wurde. Das Ende des Tales führt zur Mergentheimer Straße.
⌘ B 8, Tram 3, 5: Steinbachtal

Julius-von-Sachs-Platz 4, T 0931 318 62 40, www.bgw.uni-wuerzburg.de, tgl. April–Sept. 8–18, Okt.–März 8–16 Uhr; die Pflanzenhäuser öffnen 60 Min. später und schließen 30 Min. früher, Eintritt frei; Anfahrt: Tram 3, 5 Richtung Heuchelhof/Rottenbauer: Dallenbergbad, dann 5 Min. zu Fuß (ausgeschildert)

Riesenranken, Rosenduft und …
Landesgartenschaugelände 1990
⌘ C 4
1990 fand erstmals in Würzburg eine Landesgartenschau statt. Das genutzte Gelände von der Friedensbrücke bis zum Nordhang der Festung Marienberg blieb zum großen Teil als Freizeit- und Erholungsbereich bestehen. Sie betreten die Anlage durch eine große **Rankpyramide** und finden im ersten Abschnitt bis zum Nigglweg einen Wasserlauf samt Weiher, geschmückt mit Tierfiguren von Reinhard Dachlauer, einen Bauerngarten und das Ökohaus. Etwas versteckt (nach dem Eingang links halten) liegt der japanisch anmutende **Sieboldgarten.** Weiter durch das Zeller Tor kommen Sie u. a. zum **Kneipp-Heilkräutergarten,** dem schönen Spielgraben für Kinder, einer Streuobstwiese und den **Anlagen der Partnerstädte Würzburgs**: z. B. einem japanischer Garten, einem amerikanischer Fliedergarten oder schottischen Highlandgarten. Der **Rosengarten** an der Schottenflanke war bereits 1927 durch den ›Verein der Rosenfreunde‹ gegründet worden. Auf dem Gelände lässt sich auch besonders schön zur Festung hinaufwandern.
Eingang: Dreikronenstraße/Friedensbrücke, tgl. April–Okt. 7–21, Nov.–März 7–17, Sa/So, Fei ab 8 Uhr, Eintritt frei, Tram 2 und 4: Talavera

Pause. Einfach mal abschalten

Fast wie am Meer: der Würzburger Stadtstrand nahe der Löwenbrücke

… neue Trends
Landesgartenschaugelände 2018
📖 K 5
2018 fand am Würzburger Hubland die zweite Landesgartenschau in Würzburg statt. Von ihren 27 ha sind 21 ha geblieben und bieten und mit Eschenallee und Sportfeldern, mit dem schönen Terrassengarten und Wasserspielplatz sowie dem Alten Park neuen Erholungsraum auf der Höhe. Dabei wird der Shuttlebus, der zur LGS fuhr, als Linie 29 weitergeführt.

Abkühlung gefällig?
Dallenbergbad 📖 Karte 3, B 2
Durch seine Kessellage kann es im Sommer in Würzburg richtig heiß werden. Dann lockt das große Dallenbergbad mit einem 50-m-Becken, einem separaten 10-m-Sprungturm, einem Kinderplanschbecken und einer 140 m langen Riesenrutsche.
König-Heinrich-Str. 52, T 0931 36 26 50, Mai–Sept. tgl. 10–20 Uhr, 4,50 €, Kinder 3,50 €, Tram 3, 5: Dallenbergbad

Nautilandbad 📖 C 3
Bei Groß und Klein beliebtes Erlebnisbad mit 25 m langem Sportbecken, Nichtschwimmer- und Kinderplanschbecken sowie Riesenrutsche und Saunalandschaft.
Nigglweg 9, T 0931 36 26 00, tgl. 9–22 Uhr, Tageskarte für Bad ab 10 €, Kinder ab 8 €, 4-Std.-Karte für Sauna ab 20 €, Tram 2, 4: Talavera

Baden im Main
Am Main bieten z. B. der Stadtstrand, die Hafenbar (▶ S. 105) oder die gastronomische Infrastruktur um den Alten Kranen Platz zum Entspannen in Wassernähe. Aber in den Fluss steigen? Besser nicht, denn die Schleusen, Brücken, Hafen, Schiffe und die Strömung stellen erhebliche Gefahrenquellen dar. Da bieten sich besser die Badebuchten außerhalb Würzburgs an, z. B. in Frickenhausen, Marktbreit, Marktsteft, Segnitz oder Sulzfeld. Oder der Erlabrunner Badesee im Norden.

Innere Einkehr
Dom 📖 Karte 2, C 4
5 nach 12, Zeit für die Mittagsmeditation im Dom. Ein kurzer Textimpuls zum Innehalten wird eingerahmt vom Spiel der Hauptorgel, die, 1968 von der Firma Klais erbaut, als ein Höhepunkt des deutschen Orgelbaus der 1960er-Jahre gilt.
Mo–Fr 12.05–12.20, Sa 12.05–12.30 Uhr

Noch mehr zum Abschalten
Ringpark (▶ S. 52)
Stein-Wein-Pfad (▶ S. 48)
Lusamgärtchen (▶ S. 31)
Garten am Juliusspital (▶ S. 43)
Hofgarten (▶ S. 24)

In fremden Betten

Die Altstadt vor der Tür

Haben Sie sich nicht auch schon mal gefragt, warum man im Urlaub so viel Geld dafür ausgibt, dass man in fremden Betten schlechter schläft als daheim? Das muss aber nicht sein. In der immer weiter wachsenden Hotellandschaft Würzburgs lässt sich für jeden Geschmack etwas finden – von der Jugendherberge bis hin zum Luxushotel.

Und viele Hotels finden sich dankenswerterweise in oder nahe der Innenstadt. Die Vorteile liegen auf der Hand: Sie benötigen kein Auto, haben keine Parkplatzprobleme, erreichen alle Sehenswürdigkeiten zu Fuß oder mit der Straßenbahn. Und müssen nach einem Kneipen- oder Restaurantbesuch, bei dem eventuell das eine oder andere Gläschen des berühmten Würzburger Weins angesagt ist, nicht mehr fahren. Natürlich ist es in den mit zahlreichen Kneipen gesegneten Straßen dann nicht immer komplett ruhig, doch oft haben die Hotels Schallschutzfenster. Wer gerne mehr Platz hat, kann auch Ferienwohnungen in der Stadt und der Umgebung mieten.

Eine gute Liste der Würzburger Hotels mit Beschreibung, Preisangaben und weiterführenden Links finden Sie unter www.wuerzburg.de. Es gibt zudem bei der Tourist Information im Falkenhaus (▶ S. 110) einen ausführlichen Prospekt mit Hotels und Ferienwohnungen in Würzburg und im fränkischen Weinland. Gut übernachten Sie dort in Städtchen wie Ochsenfurt, Marktbreit oder Karlstadt, aber auch in Weinorten wie Frickenhausen oder Sulzfeld.

ZUM SELBST ENTDECKEN

Eine gute Alternative sind Privatzimmervermittlungen, von denen es zwei in Würzburg gibt:
Bed & Breakfast
T 0931 404 56 09 und
0151 25 75 16 66
www.bed-and-breakfast.de/wuerzburg

HC24 Wohnen auf Zeit
📖 D 4
Zeller Str. 16
T 0931 41 66 16
www.hc24.de

PREISE

So viel kostet in etwa ein Doppelzimmer mit Frühstück:

€ unter 100 Euro
€€ 100 bis 150 Euro
€€€ über 150 Euro

Dank einer großen Hotelauswahl kann man sich in Würzburg beruhigt schlafen legen.

In fremden Betten

Schönes Design
Ferienwohnungen im Eckhaus 🏠 Karte 2, B 4
Absolut zentral zwischen Rathaus und Marktplatz wohnen Sie in den Ferienwohnungen im Eckhaus. Diese sind liebvoll und komfortabel mit schönen Details eingerichtet (zwei von ihnen auch klimatisiert). Den Gästen steht eine gemeinsame Dachterrasse zur Verfügung. Die Nichtraucherwohnungen sind auch für Allergiker geeignet.
Langgasse 8, T 0931 120 01, www.eckhaus-ferienwohnung.de, für 2 Pers. €–€€ o. F.

Stilsicher, trendy, urban
Moxy Würzburg 🏠 G 3
Das 2022 eröffnete Haus der Marriott-Gruppe bietet ein junges, trendiges Ambiente mit großzügigen Gemeinschaftsbereichen. Die 202 Zimmer überzeugen mit urbanem Chic ohne Schnickschnack. Nette Geste: der Check-in mit Drink an der Bar.
Schweinfurter Str. 10, T 0931 250 95 80, www.marriott.com, €€

Ohne Schnickschnack
B & B Hotel Würzburg 🏠 D 2
Nur 1,7 km vom Zentrum und 1,4 km vom Bahnhof entfernt, liegt dieses Hotel mit 157 Betten in 95 Zimmern an der verkehrsintensiven Veitshöchheimer Straße. Dafür bietet es aber alles, was man braucht, und verzichtet auf unnötigen Schnickschnack. Familien können in günstigen Vier-Bett-Zimmern übernachten.
Veitshöchheimer Str. 18, T 0931 25 09 50, www.hotel-bb.com, €–€€

Im fränkischen Stil
Hotel Grüner Baum 🏠 D 4
Zentral im Mainviertel gelegen, nur wenige Schritte von der Alten Mainbrücke entfernt ist das Hotel Grüner Baum ein persönlich geführtes Familienunternehmen mit 24 Zimmern. Die sind gemütlich eingerichtet im fränkischen Stil mit hellem Fichtenholz. Frühstück im historischen Gewölbekeller.
Zeller Str. 35–37, T 0931 45 06 80, www.gruener-baum-wuerzburg.de, €€–€€€

Frauengefängnis war gestern
Jugendherberge Würzburg 🏠 D 5
Besonders günstig lässt es sich gleich neben der Burkarder Kirche direkt am Main übernachten. Das historische Gebäude unterhalb der Festung war einst das Frauengefängnis – doch keine Angst, die Fenster sind nicht mehr vergittert. Die Jugendherberge bietet 238 Betten in Ein- bis Sechs-Bett-Zimmern, die allesamt mit einer Waschgelegenheit ausgestattet sind. Es gibt auch 25 Schlafräume für Familien mit Dusche und WC. Für Fahrradreisende stehen ein abschließbarer Raum und Reparaturmöglichkeiten zur Verfügung. Es gibt auch Reiseangebote für Familien z. B. für die Vorweihnachtszeit und unter dem Motto »Fahrradies«.
Fred-Joseph-Platz 2, T 0931 467 78 60, www.wuerzburg.jugendherberge.de, EZ/DZ €–€€, im Mehrbettzimmer €, mit Jugendherbergsausweis

Einfach günstig
Pension Achtzimmer 🏠 F 6
Die Pension mit den einfach eingerichteten acht Zimmern (vier Einzel- und vier Doppelzimmer) liegt ruhig im angenehmen Stadtteil Sanderau. Frühstück ist dort nicht möglich, eine Bäckerei und die Straßenbahnhaltestelle der Linien 1 und 4 aber nur 100 m entfernt, die Fußgängerzone in 10–15 Gehminuten.
Scheffelstr. 2, T 0931 730 00, www.pension-achtzimmer.de, €–€€ o. F.

Pastellfarben pur
Hotel Kunterbunt 🏠 Karte 2, C 2
In den 16 minimalistisch-schick gestylten Zimmern des Kleinhotels setzen ungewöhnliche Farbakzente individuelle Noten. Es gibt keine Rezeption vor Ort, aber der digitale Check-in ist unkompliziert. Zudem ist rund um die Uhr jemand telefonisch erreichbar. Im Erdgeschoss serviert die Caffetteria La Toska typisch italienisches Frühstück.
Textorstr. 17, T 0931 73 04 83 03, www.hotel-kunterbunt.de, €€ o. F.

Für Kontaktfreudige
Hostel Babelfish 🏠 Karte 2, D 1
Das zentrums- und bahnhofsnahe Hostel bietet Mehrbettzimmer für 10, 6

In fremden Betten

und 4 Personen, aber auch Doppelzimmer. Eine schöne Dachterrasse und Küchenbenutzung schaffen Raum für Begegnungen.
Haugerring 2, T 0931 304 04 30, www.babel fish-hostel.de, € o. F.

Luxus hinter Rokoko-Fassade
Best Western Premier Hotel Rebstock 🏠 Karte 2, B 5
Eine der luxuriösesten und ältesten Herbergen der Stadt mit schönen individuellen Zimmern liegt gleich in der Nähe der Neubaukirche. Hinter der Fassade mit Rokoko-Elementen warten über 100 Betten auf anspruchsvolle Gäste. Gleich nebenan bietet der Neubau Hof Engelgarten weitere 50 Zimmer und Suiten, die keine Wünsche offen lassen. Im Gourmetrestaurant KUNO 1408 schwelgt man in Sterneküche.
Neubaustr. 7, T 0931 309 30, www.rebstock.com, €€€

Traumhafte Aussicht
Schlosshotel Steinburg 🏠 C 1
Dies ist vielleicht die schönste Übernachtungsmöglichkeit Würzburgs – besonders toll ist die Aussicht von den Terrassen. Hoch über der Weinlage ›Würzburger Stein‹ liegt das Vier-Sterne-Haus mit Event-Weinkeller, Hallenbad und Sauna. Bereits 1897 entstand der älteste Teil des Hotelkomplexes als Ausflugslokal im Tudorstil, während ein neuer Anbau in schickem Design erst vor wenigen Jahren fertiggestellt wurde.
Mittlerer Steinbergweg 100, T 0931 970 20, www.steinburg.com, €€€

Für Wellnessfans
Hotel Melchior Park 🏠 K 5
Das Vier-Sterne-Hotel im Frauenland auf dem Gelände der ehemaligen Leighton Barracks grenzt an das Landesgartenschaugelände von 2018 und liegt in einem parkähnlichen Wäldchen. Besonders ansprechend sind die schöne Innenarchitektur und der Wellnessbereich mit drei Saunen und kleinem Schwimmbad. Mit Indoor-Golfanlage. 88 Zimmer (zwei davon barrierefrei), 20 Studios, 10 Suiten. Der Blick auf die Stadt entschädigt für die nicht ganz altstadtnahe Lage (die Busverbindung ist aber gut). Das Restaurant bietet eine Mischung aus fränkischen Klassikern und internationaler Küche.
Am Galgenberg 49, T 0931 35 90 40-0, www.hotel-melchiorpark.de, €€–€€€

Die Farbe Rot
Top Hotel Amberger 🏠 Karte 2, D 3
Mit seiner dunkelroten Fassade fällt das Hotel Amberger in der Ludwigstraße sofort ins Auge. Äußerst günstig gelegen (wenige Minuten zum Bahnhof sowie zur Innenstadt) bietet das traditionsreiche Haus 70 Zimmer mit 110 Betten. Gegen Verkehrslärm gibt es Schallschutzfenster. Im Haus ist auch das italienische Restaurant Gallo Negro untergebracht.
Ludwigstr. 17–19, T 0931 351 00, www.hotel-amberger.de, €€ o. F.

Die Farbe Blau
Das v. EVERT Hotel am Congress Centrum 🏠 Karte 2, A 2
Seit 1860 verwöhnt das Hotel seine Gäste in diesem hellblauen Bau. Die Lage ist zentral, unter den fast 30 Zimmern soll sich »Würzburgs schönstes Zimmer« mit herrlicher Aussicht über die Altstadt befinden.
Pleichertorstr. 26, T 0931 502 44, www.hotelccw.de, €€

Verkehrsgünstig
Dorint Hotel Würzburg
🏠 Karte 2, E 2/3
Verkehrsgünstig und groß bietet das frisch renovierte Hotel nahe dem Berliner Ring 265 Betten in 158 Zimmern, Hallenbad, Sauna und Fitnessraum. Auch die Küche des Hauses ist nicht schlecht!
Eichstr. 2, T 0931 305 40, https://hotel-wuerzburg.dorint.com/de, €€

Wilder Wein für Nichtraucher
Till Eulenspiegel 🏠 Karte 2, B 5
Das dicht mit wildem Wein bewachsene erste Nichtrauch-Hotel der Stadt liegt direkt an der Flaniermeile Würzburgs, der Sanderstraße, in der aber Nacht-

In fremden Betten

Terrasse mit grandioser Aussicht: Schlosshotel Steinburg

fahrverbot herrscht. Zudem garantieren Schallschutzfenster die Nachtruhe. Eine Straßenbahnhaltestelle liegt vor der Haustüre. Im Erdgeschoss befindet sich ein uriges Weinlokal, im Untergeschoss ein gemütlicher Bierkeller, der auch ausgefallene Gebräue aus der Region anbietet.

Sanderstr. 1a, T 0931 35 58 40, www.hotel-till-eulenspiegel.de, auch Drei-Bett-Zimmer, €€

Mit Gewölbekeller
Hotel Greifensteiner Hof
🛏 Karte 2, B 3
Mitten in der Altstadt, fast am Marktplatz gelegen, bietet dieses Vier-Sterne-Hotel 49, mit Liebe zum Detail eingerichtete Zimmer und drei Boardinghaus-Apartements am Marienplatz. In den zugehörigen Fränkischen Stuben genießen Sie ebensolche Spezialitäten, in einem Gewölbekeller aus dem 13. Jh. können Sie an Weinproben teilnehmen.

Dettelbachergasse 2, T 0931 351 70, www.greifensteiner-hof.de, €€€

Fein & privat
Hotel Würzburger Hof 🛏 Karte 2, C 2
Am belebten Barbarossaplatz im historischen Altstadtkern gelegen, erwarten Sie hinter einer Hausfassade aus dem Jahr 1908 in »Würzburgs feinem Privathotel« 34 individuelle, mit viel Liebe zum Detail eingerichtete Zimmer. Deren Größen variieren von der Suite mit 60 m² bis zum Standard-EZ mit 10 m².

Barbarossaplatz 2, T 0931 538 14, www.hotel-wuerzburgerhof.de, €€–€€€ o. F.

Mit Blick auf den Main
Hotel Walfisch 🛏 Karte 2, B 5
Schön am neu angelegten Mainufer liegt das Hotel Walfisch, dessen Name wohl ursprünglich auf den Waller zurückgeht und nicht auf das größte Säugetier. Seit 1919 in Familienbesitz verfügt es über 60 Betten in 40 Zimmern. Auf der Panoramaterrasse mit Festungsblick kann man auch gut speisen.

Am Pleidenturm 5, T 0931 352 00, www.hotel-walfisch.com, €–€€ o. F.

Satt & glücklich

ZUM SELBST ENTDECKEN

Imbiss gefällig?
... dann ab in die Innenstadt! Nahezu an jeder Ecke gibt es Brötchen mit Leberkäs, Döner, Asiatisches oder die gute alte Bratwurst im Kipf.

Was ist ein Bäck?
Entstanden sind die Weinstuben wohl im 19. Jh., als viele Bäcker Weinschänken aufkauften und den Ausschank mit ihren Bäckereien kombinierten. Anderswo steht zu lesen, dass die Bäcks von Bäckern geführt wurden, die einen Weinberg besaßen und in ihren Bäckereien Wein ausschenken durften. Bis heute sind sie noch an ihrer Nachsilbe ›-bäck‹ zu erkennen.

PREISE

So viel kostet in etwa ein Hauptgericht:

€   unter 15 Euro
€€ 15 bis 30 Euro
€€€ über 30 Euro

Frisch & fränkisch

Nun gilt die traditionelle fränkische Küche nicht gerade als besonders leicht, und für Veganer oder Vegetarier ist sie nur bedingt geeignet – aber sie hat ihre Anhänger und ist es absolut wert, nicht nur einmal probiert zu werden. Zudem gibt es immer mehr Köche, die die schon immer guten fränkischen Rezepte neu interpretieren. Und auch in der Domstadt finden sich zahlreiche Lokalitäten, in denen Bio-Zutaten, vegane Gerichte und Low-Carb-Speisen zum guten Ton gehören.

Trotzdem kommt man an dem fränkischen ›Nationalgericht‹ eigentlich kaum vorbei. Man findet sie in vielerlei Größen und Variationen in der ganzen Region: Sind die Nürnberger Bratwürste etwa fingerlang, findet man in Sulzfeld die sog. Meterbratwurst, die wirklich einen Meter messen muss (man kann davon auch die Hälfte bestellen). Seit den 1980er-Jahren existiert sogar eine spezielle Würzburger Bratwurst, die 15–20 cm lang und stark gewürzt ist sowie einen Anteil weißen Frankenweins enthält. Sie wird nicht gegrillt, sondern in der Pfanne gebraten. An den Bratwurstständen in der Stadt bekommt man sie meist geknickt im Kipf (längliches Brötchen), dazu passt am besten mittelscharfer Senf. Bei Bratwürsten als Tellergericht wird oft Sauerkraut und Schwarzbrot dazu gereicht, man kann aber auch Kartoffelsalat oder einen gemischten Salat bestellen. Eine besondere Variante sind die Blauen Zipfel, Bratwürste in einem Essig-Weinsud mit Zwiebeln, die dann eine bläulich-graue Farbe annehmen.

Die Meterbratwurst ist Sulzfelderin.

Satt & glücklich

SO BEGINNT EIN GUTER TAG IN WÜRZBURG

Mediterranes Flair
barrossi caffè espresso   Karte 2, C 3
Mehr als nur ein Hauch von Italien weht durch die barrossi-Espressobar. Hier wird original italienischer Spitzenkaffee von Hand zubereitet. Dazu gibt es leckere Panini, Tramezzini und Süßes.
Eichhornstraße/Ecke Wilhelmstraße, T 0931 460 62 21, www.barrossi.de, Mo–Fr 7.30–19, Sa 8–18 Uhr. Noch mehr italienische Köstlichkeiten im barrossi Deli, Otto-Wels-Str. 1, Mo–Fr 8–19, Sa 9–19, So 10.30–18 Uhr, €

Von angestaubt zu schick
Café Fred   Karte 2, C 3
Bis vor Kurzem ein leicht angestaubtes Café für eher älteres Publikum, hat sich das frühere Café Fehrer ins freche, schicke Fred verwandelt. Die Frühstücke heißen z. B. »Voll lecker, vegetarisch, vegan« oder »Verdammt normal« und schmecken so wie Ersteres. Probierenswert sind auch die zahlreichen Kuchen und Torten! Ist das Platzangebot im Inneren eher begrenzt, stehen im Sommer viele Tische draußen.
Herzogenstr. 4, T 0931 70 52 67 83, auf Facebook, Mo–Sa 8–18, So/Fei 9–18 Uhr, €

Container-Café mit Sonnenschirm
Hennes Kiosk   Karte 2, A 5
Nur 14,7 x 5,5 m ist die Grundfläche des Saison-Kiosks Hennes, der im Sommer am Felix-Freudenberger-Platz seinen Standort hat. Da er sich vor dem Hochwasserschutz befindet, muss der Container mit beleuchteter Glasfassade in wenigen Stunden abbaubar sein. Entsprechend bietet er unter seinem Dach nur relativ wenigen Gästen Raum. Viel größer ist aber der Außenbereich unter einem riesigen Sonnenschirm – man sitzt mit Blick auf Main und Marienberg. Die Open-Air-Bar bietet bei schöner Witterung und dezenter Elektromusik Cocktails und verschiedene Gins.
Felix-Freudenberger-Platz, T 0931 80 99 83 23, IG: @hallohennes, April–Okt. bei gutem Wetter Mo–Fr ab 14, Sa/So ab 12 Uhr, €

Kalorien zählen verboten
MainCake   Karte 2, B 4
Warum nicht mal mit etwas Süßem in den Tag starten? Im MainCake gibt es nur Cheesecake, allerdings in gut 40 Varianten, von Caramel Apple über Blueberry White Chocolate bis hin zum Donauwelle Cheesecake. Anders als beim deutschen Käsekuchen verwendet Konditor Christian Kleinschnitz Frischkäse als Hauptzutat für seine Kreationen.
Sterngasse 4, T 0163 788 31 77, www.main-cake-wuerburg.de, Mi–Fr 11–16, Sa 11–15 Uhr (bzw. solange der Kuchenvorrat reicht), €

Wohnzimmeratmosphäre
Café Rudowitz   E 5
Ein bisschen wie in einem Wohnzimmer, allerdings mit Schaufensterscheiben, fühlt man sich im kleinen und sehr individuell eingerichteten Café Rudowitz, in dem man Kaffeespezialitäten und selbstgebackenen Kuchen genießt. Die Frühstückskarte mit Bio-Rührei oder frischem Jogurt mit Obst und lustigen Namen wie »Lilly Morgenmuffel« ist einladend!
Sanderstr. 10a, T 0175 855 31 08, https://cafe-rudowitz.business.site, Mi–Mo 11–19 Uhr, €

Café, Bar, fadenscheinig
Edeltraud   Karte 2, B 3
Früher war die Edeltraud etwas abseits vom Schuss, seit 2015 kann man in der innenstädtischen Grabengasse nähen, Kaffee trinken, Kuchen und Kleinigkeiten essen oder Konzerte genießen. Mehrere Nähmaschinen (Miete 7,50 €/Std.), ein Zuschneidetisch und eine Bügelstation stehen bereit. Es werden Nähkurse für verschiedene Zielgruppen (auch Männer!) angeboten, und Sie können die Angebote der Änderungsschneiderei nutzen.
Grabengasse 11, T 0931 71 05 37 10, www.cafe-edeltraud.de, Mo, Mi/Do 14–20, Fr 14–1.30, Sa 12–22/23, So 12–20 Uhr, €

Hinterhofcafé
Wunschlos glücklich   Karte 2, B 3
Das ›WG‹ bietet einen bunten offenen Raum. Besonders auf kleine Gäste wird

Satt & glücklich

hier Rücksicht genommen. Tagsüber gehört die Bühne den Kindern zum Spielen, abends gibt es hier vielfältige Veranstaltungen. Im Sommer sitzt man im lauschigen Innenhof, innen locken gemütliche Sofas und ein bunt zusammengewürfeltes Inventar. Es gibt Kaffeevariationen, frische Teesorten, legendäres Frühstück, Waffeln, hausgebackene Kuchen, Tagesgerichte und vieles mehr.

Im Rückgebäude der Bronnbachergasse 22 gegenüber der Ausfahrt aus dem Parkhaus Mitte, T 0931 35 81 01 88, www.wunschlos-gluecklich.net, tgl. 9–18 Uhr, €

....
WO ESSEN AUF NACHHALTIGKEIT TRIFFT
....

Labsal für Gaumen und Seele
Soulfood Kitchen 🍴 Karte 2, B 5
Die kreative Küchencrew um Thorsten Kremer zaubert aus irdischen Zutaten Himmlisches und beglückt die Gäste im ehemaligen Johanniterbäck mit Neuinterpretationen fränkischer Klassiker. Hier gibt es auch ein Gericht, das selten geworden ist auf Frankens Speisekarten: Tartar (Hackfleisch vom Weiderind mit Eigelb, Zwiebeln und Kräutern). Alle verwendeten Produkte sind hochwertig, naturbelassen, saisonal und kommen frisch von Bauern aus der Region.

Johanniterplatz 3, T 0931 35 82 78 97, www.gasthaus-soulfood.de, Di–Sa 17.30–24 Uhr, €€–€€€

Lecker ohne Fleisch
Sturbok Café & Bar 🍴 E 5
Regionale Produkte in Bio-Qualität werden in dieser in Weiß-Grau-Blau gehaltenen Lokalität zu Kuchen, leckeren Kleinigkeiten und Tagesgerichten verarbeitet. Man schmeckt die ursprünglichen und natürlichen Zutaten, die liebevolle Zubereitung. Vieles ist nicht nur vegetarisch, sondern auch vegan. Der Kaffee ist fair gehandelt, auf Fleisch wird verzichtet. Die Brotzeiten heißen z. B. »Altstadt«, »Frauenland«, »Zellerau«, »Sanderau« oder »Grom-

Gut fränkisch: Gasthaus Alte Mainmühle an der Alten Mainbrücke

Satt & glücklich

bühl«, Frühstück gibt es von »Ewng« (= ein wenig) bis »Nimmersatt«.
Münzstr. 5, T 0931 40 70 64 70, www.stur bock-cafe.de, Fr–So 10–17 Uhr, €

Genießen und Gutes tun
Gasthaus Tilman 🛈 Karte 2, B 3
Feine, frische und innovative Küche mit regionalen Produkten bietet das Gasthaus Tilman am Ulmer Hof mitten in der Altstadt zwischen Marienkapelle und Juliuspromenade. Allerdings hat das Lokal nur 44 Plätze und als Ausbildungsbetrieb für Jugendliche (es ist ein Jugendhilfebetrieb der Gesellschaft zur Förderung beruflicher und sozialer Integration) eingeschränkte Öffnungszeiten, so dass man rechtzeitig reservieren sollte. Die durchweg ansprechenden Menüs sind mittags weitaus günstiger.
Bronnbachergasse 10, T 0931 45 25 69 12, www.gasthaus-tilman.de, Mi, Do und Sa 11–15, Fr 17–22 Uhr, €€–€€€

Mit Laib und Seele
Düll Die Brotbäckerei 🛈 Karte 2, C 3
Die Bäckerei von Sebastian Düll wirkt wie der Gegenentwurf zu den Abverkaufsstätten der Backersatzwarenindustrie. Hier wird (außer sonntags und montags, da ist geschlossen) jeden Tag alles frisch und von Hand gemacht. Tiefgefrorene Teiglinge gibt es nicht, verwendet werden überwiegend regionale Zutaten aus nichtkonventioneller Landwirtschaft. Sechs Brote sind fest im Sortiment, das siebte wechselt täglich.
Theaterstr. 9, T 0931 88 07 44 33, www.duell-brot.de, Di–Fr 10–18, Sa 9–14 Uhr

Ohne Zusatzstoffe
Veggie Bros 🛈 Karte 2, B 3 und B 5
War 2014 das erste rein vegetarische Schnellrestaurant in Würzburg, inzwischen gibt es eine Filiale in der Sanderstraße. Hier gehen ausschließlich vegetarische und vegane Gerichte über die Theke – frisch und hausgemacht ohne Zusatzstoffe und Geschmacksverstärker: Falafelwraps und -teller, Salate, Pommes aus fränkischen Bioland-Kartoffeln und Brownies; sie werden auch per Fahrradkurier geliefert.
Juliuspromenade 38, T 0931 45321514; Sanderstr. 3, T 0931 78 01 22 69; www.veggiebros.de, Mo–Sa 11.30–20 Uhr, €

Glutenfrei, vegan, vegetarisch
Vrohstoff 🛈 Karte 2, C 2
Gina Schäflein verwöhnt mit gesunden, veganen und vegetarischen Gerichten – vom »Vrohstück« am Morgen bis zum herzhaften Abendessen. Dabei verzichtet sie auf Gluten und tierische Rohstoffe. Jeden Dienstag gibt es ab 17 Uhr vegane und glutenfreie Pizza, dazu schmecken die hausgemachten Limos. Gina bietet auch verschiedene Kochkurse an.
Theaterstr. 1–3, www.vrohstoff.de, T 0931 30 42 51 21, Mo–Sa 10–22.30, So/Fei 10–21.30, warme Küche bis 21.30 bzw. 21 Uhr, €

Volles Korn
Köhlers Vollkornbäckerei 🛈 Karte 2, A 4
Sie war 1986 die erste Bio-Bäckerei in der Domstadt, heute betreibt Köhlers Vollkornbäckerei insgesamt vier Bio-Cafés. Diese bieten natürlich viel Vollkornprodukte, vegane und glutenfreie Backwaren sowie wechselnde Mittagstische.
Zentral: Alte Mainbrücke/Karmelitenstr. 1, T 0931 57 17 18, www.koehlers-vollkornbaeckerei.de, Mo–Sa 8–18, So 8–13 Uhr, €

INSTITUTIONEN UND SZENETREFFS

Über dem Main
Alte Mainmühle 🛈 Karte 2, A 4
Das fränkische Gasthaus direkt an der Alten Mainbrücke bietet verschiedene gemütlich eingerichtete Räumlichkeiten vom Schober, in dem am offenen Grill Speisen zubereitet werden, über die Mühlenstube bis zum Kaminzimmer sowie zwei schmale Terrassen zum Main und dem Mühlrad hin, von denen man eine grandiose Aussicht auf die Alte Mainbrücke und auf die andere Mainseite mit der Festung Marienberg hat. Spezialität ist die Mühlenbratwurst nach altfränkischem Rezept.
Mainkai 1, T 0931 167 77, www.alte-mainmuehle.de, tgl. 11–23 Uhr, €–€€

Satt & glücklich

Baum im Hof
Backöfele 🍷 Karte 2, B 4
Etwas versteckt hinter der Augustinerstraße in der Ursulinergasse liegt »das fränkische Original im Herzen Würzburgs«. Schön ist im Sommer der Innenhof mit Baum, der sich im Winter dank eines Glasdaches in einen Innenraum wandelt. Im Schankraum des mehrere schöne Räume umfassenden Restaurants steht der alte Backofen, dem es seinen Namen verdankt. Neben fränkischen Klassikern und Brotzeiten bekommen Sie hier auch Rumpsteak und Filetsteak.
Ursulinergasse 2, T 0931 590 59, www.back oefele.de, Mo–Do 17–23, Fr 17–24, Sa 12–24, So, Fei 12–23 Uhr, €–€€

Im Haus gebraut
Goldene Gans 🍷 Karte 2, A 4
Direkt am linken Mainufer in der Nähe der Alten Mainbrücke liegt der Biergarten Goldene Gans unter schattigen Platanen. Die Würzburger Hausbrauerei Goldene Gans findet man nicht weit davon in der Burkarder Straße. Die naturtrüben, unfiltrierten Biere heißen z.B. St. Burkhard Hefeweizen oder Pfeiferhannes Hell und Dunkel. Die Küche im Biergarten ist zum einen fränkisch regional, es gibt aber auch viel Vegetarisches oder Burger und Steaks. Kleiner Spielplatz für Kinder beim Biergarten.
Burkarderstr. 2–4, www.goldene-gans-wuerz burg.de; Biergarten: T 0176 24 47 63 89, bei gutem Wetter 11–23, Ausschank bis 22 Uhr, €–€€

Mit dem hl. Geist am Tisch
Bürgerspital Weinstuben 🍷 Karte 2, C 3
In den verschiedenen Räumlichkeiten des Restaurants des Bürgerspitals zum Heiligen Geist genießt man gehobene fränkische, aber auch mediterrane und internationale Speisen. Sitzt man im Sommer schön im Innenhof des Spitals, muss man sich im Inneren zwischen Alter Weinstube, den Arkaden mit alten Säulen und Gewölbe entscheiden. Urig ist die 1873 eröffnete Trinkstube Hockerle mit grünen Bänken, in der bis heute Mo–Fr 9–18, Sa 9–15 Uhr die Schoppenweine des Hauses und selbst mitgebrachtes Essen verzehrt werden können. Eingang barrierefrei.
Theaterstr. 19, T 0931 35 28 80, www.buerger spital-weinstuben.de, tgl. 11–24 Uhr, €€–€€€

Göger und Kunst
Weinstube Halbleib 🍷 Karte 2, C 3
Nicht ganz leicht zu finden ist die Weinstube Halbleib im Gassengewirr zwischen Theaterstraße und Schönbornstraße – aber die Suche lohnt sich. 1950 im wiederaufgebauten Haus eröffnet, hat sich seit der Anfangszeit nicht viel verändert. Gemütlich sind die beiden Räume und ein lauschiger Innenhof – die Weine und das Essen schmecken. Besondere Spezialität sind die ›Göger‹ – es gibt die Hähnchen sowohl halb als auch schenkelweise. Früher galt es als Künstlerlokal – viele Bilder an der Wand im linken Zimmer vom Eingang aus sollen als Bezahlung hierher gelangt sein.
Kolpingstr. 9, T 0931 519 16, Di–Sa 16–24 Uhr, €

Würzburger Original
Maulaffenbäck 🍷 Karte 2, B 3
Die Traditionsweinstube schenkt die Weine des Weinguts Brand aus Randersacker aus, die Küche ist fränkisch, ehrlich und rustikal. Der Name des Lokals war ursprünglich Augustinerbäck (wegen der nahen Augustinerkirche), der neue soll von Studenten stammen, die den Wirt hänselten, weil er gerne am Türpfosten lehnte und »Maulaffen feilbot«. Besonderheit: Zwischen 11 und 12 Uhr darf man noch seine eigene Brotzeit mitbringen.
Maulhardgasse 9, T 0931 46 77 87 00, www. maulaffenbaeck.info, Di–Sa 11–23 Uhr, €–€€

Traditionell fränkisch
Wirtshaus Lämmle 🍷 Karte 2, B 3
Eng geht's zu in diesem urgemütlichen Traditionsgasthaus, dessen Geschichte bis ins späte 16. Jh. zurückreicht, denn es ist fast immer gut besucht. Doch die Gäste (darunter viele Einheimische) rücken gern etwas zusammen und machen Platz für die hungrigen Neuankömm-

Satt & glücklich

Gemütlich: Das Backöfele hat seinen Platz in einem ehemaligen Domherrenhof.

linge. Auf der Speisekarte dominiert Fränkisch-Deftiges, aber es gibt auch ein paar vegetarische Optionen. Dazu genießt man heimische Qualitätsweine aus Spitzenlagen vom Silvaner über die Domina bis zum Riesling. Der schöne Biergarten ist der perfekte Ort, um unter alten Kastanien und mit Blick auf die Marienkapelle einen Sommertag ausklingen zu lassen.
Marienplatz 5, T 0931 547 48, www.wirtshaus-laemmle.de, Mo–Sa 11–23 Uhr, €–€€

Rosenumrankt
SophienBäck F 5
Schon außerhalb der Grenzen des Ringparks am Anfang der Sanderau liegt in einer völlig unspektakulären Nachkriegsstraße ein gastronomisches Kleinod, auf das der schmiedeeiserne Anhänger mit roten Rosen hinweist: der SophienBäck. Besonders schön ist hier die Ausstattung mit Jugendstil-Elementen, bei warmen Temperaturen sitzt man im lauschigen Hof. Im Rosenzimmer sind die Wände mit alten Trinksprüchen rund um den Wein geschmückt. Die Speisekarte ist regional fränkisch.
Sophienstr. 6, T 0931 32 09 68 82, www.mainshop24.de/sophienbaeck, Mo–Do, So 17–24, Fr/Sa 17–1 Uhr, €–€€

Viel Holz
Vier Jahreszeiten Karte 2, C 2
Leckere fränkische Küche (Schnitzel, Bratwürste, Leber, Ente) und dazu regionale Weine und Bier der Brauerei Distelhäuser serviert das Restaurant Vier Jahreszeiten in Nachbarschaft des Stift Haug. Die Wirtsstube ist mit viel Holz urig eingerichtet, im Sommer lockt ein schöner Biergarten. Man vermietet auch einige nette Zimmer, buchbar über Hotel Würzburger Hof.
Haugerpfarrgasse 3, T 0931 304 79 16, www.vier-jahreszeiten-wuerzburg.de, Di–Sa ab 11, So 11–14.30 Uhr, €–€€

EXPERIMENTIERFREUDIG UND UNGEWÖHNLICH

Koreanische Küche
Frau Om kocht Karte 2, C 5
Gaumenkitzel nicht alltäglicher Art können Sie in diesem kleinen Restaurant erleben. Ursprünglich kam Myung Shin Om, deren Urgroßmutter schon für das Königshaus kochte, aus Ichon (südöstlich von Seoul) für ihr Germanistikstudium nach Würzburg. Doch dann musste sie sich ihren Lebensunterhalt

Satt & glücklich

Es muss nicht immer fränkisch sein …

durch Kochen verdienen. Zum Glück für die Gäste, die nun die mit originalen koreanischen Gewürzen und Pasten versehenen, aus frischen und hochwertigen regionalen Zutaten gezauberten Gerichte genießen dürfen, die darüberhinaus fettarm und ohne Geschmacksverstärker und deshalb superbekömmlich sind. Darf es davor ein eigens von Frau Om kreierter Aperitif sein? Risa besteht aus Prosecco und Bokbunsa-ju, einem Kräuterlikör mit Brombeere, Weißdorn, Goji-Beere und Zimt.
Peterstr. 14, T 0931 27 89 65 70, www.frau-om-kocht.de, Di–Fr 11.30–14.30 und 17.30–23, Sa/So 17.30–23 Uhr, €–€€

Artisanal Taqueria
MAIZ 🍴 Karte 2, B 3
»Please eat with your fingers!« steht über der Küchennische des immer gut gefüllten Mini-Restaurants im Herzen der Altstadt. Seit 2014 erfreut Jonah Ramos seine Gäste mit leckeren Tacos und Burritos. Die Speisekarte ist klein, dafür sind die Gerichte frisch und lecker. Und für die Finger steht ganz leger eine Küchenrolle als Serviettenersatz auf dem Tisch. Aufgrund der Enge nichts zum lange Sitzenbleiben, aber ehrlich ein Geschmackserlebnis. Man könnte die Gerichte auch mitnehmen und wie viele Studenten am Mainkai mit Blick auf Festung und Käppele verspeisen.
Katharinengasse 7, T 0931 32 09 50 63, www.maiztaqueria.com, Di–Sa 12–23 Uhr, €

Knusprig
La Piazzetta 🍴 Karte 2, B 4
Leckere, knusprige Pizza mit dünnem Boden frisch aus dem Holzofen – auch mal etwas ungewöhnlicher belegt: Wie wär es mit einer *pizza rossa* mit Sardellen, Oliven und Kapern oder einer *bianca* mit Birne, Walnuss und Gorgonzola? Da das Lokal sehr klein ist, sollten Sie unbedingt reservieren. Es gibt auch nur zwei Essenszeiten: einmal um 18 und um 20 Uhr! Man kann die Pizza aber auch mitnehmen.
Büttnerstr. 7–9, T 0931 99 13 68 10, www.la-piazzetta-wuerzburg.de, Di–So ab 18 Uhr, €–€€

Frische Nudeln
Pasta e olio 🍴 Karte 2, C 3
In der Eichhornstraße ist das Pasta e olio ein beliebtes Ziel für einen Imbiss in der Mittagspause. Hausgemachte Nudeln in verschiedenen Variationen werden an Stehtischen verspeist. Die Nudeln kann man nebenan auch für

Satt & glücklich

zuhause kaufen, Soßen und Öl gibt es ebenfalls und seit neuestem bereichert ein Pizzaofen das kleine Geschäft.
Eichhornstr. 6, T 0172 664 29 37, www.pastaeolio.de, Mo–Mi 11–20, Do–Sa 11–21 Uhr, €

Alle guten Dinge sind Thai
Bua Thai 🔵 Karte 2, C 3
Aus den Tellern und Tiegeln, die in diesem bodenständigen Tagesrestaurant auf die Tische kommen, duftet es nach Koriander und Zitronenblatt. Hier genießen Sie ehrliche, authentische Thai-Kost, die aroy, aroy (superlecker) schmeckt. Alle Speisen auch zum Mitnehmen.
Herzogenstr. 13, T 0931 99 13 04 59, www.buathai.de, Mo–Do 11–16, 17.30–20, Fr/Sa 11–16, 17.30–21 Uhr, €

Italiener beim Spitäle
Osteria Trio 🔵 Karte 2, A 4
Sehr leckeres italienisches Essen mit frischen Zutaten entweder direkt aus Italien oder frisch aus der mainfränkischen Region, deren gute Qualität man schmeckt. Allerdings ist der Platz im Lokal etwas beschränkt, deshalb unbedingt reservieren.
Spitalgasse 1, T 0931 20 79 50 18, Do Ruhetag, sonst 18 bis ca. 23.30, Reservierungen ab 16.30 Uhr, €–€€

Pizza, Pasta e più
Mennas Time Out 🔵 C 4
Am Fuße des Festungsbergs können Sie bei diesem Italiener mit dem etwas seltsamen Namen Platz nehmen in der gemütlichen Gaststube der vorherigen Gaststätte ›Zur Linde‹ oder in einem lichten modernen Anbau, der 2010 mit dem Antonio-Petrini-Bauherrenpreis der Stadt Würzburg ausgezeichnet wurde. Die Küche bietet saisontypische Gerichte, eine variantenreiche Tageskarte und gute Steinofenpizzen. Im Sommer lockt ein schöner Biergarten mit kleinem Spielplatz. Das Restaurant ist barrierefrei und bietet auch innen eine Spielecke für Kinder.
Frankfurter Str. 1, T 0931 440 04, www.timeout-wuerzburg.de, Mo ab 17, Di–Fr 12–14.30, 17–23.30, Sa/So 12–23 Uhr, €–€€

Eintopf und mehr
Sir Quickly 🔵 Karte 2, C 3
Täglich drei wechselnde ungewöhnliche Gerichte, die man im Menü oder einzeln bestellen kann. Meist ein Eintopf und ein Hauptgericht sowie eine Nachspeise. Bis auf Fisch am Freitag ist alles vegetarisch. Wochenspeisekarte auf der Homepage.
Herzogenstr. 5, T 0931 467 94 01, www.sir-quickly.info, Mo–Fr 11–16 Uhr, €

IMMER NUR WEIN?
Dafür, das Würzburg eine alte Weinstadt ist, gibt es erstaunlich viele **Biergärten.** Hier eine Kurzliste:
Alter Kranen (www.alterkranen.de)
B.Neumann (www.b-neumann.com)
Dornheim (www.waldschaenke-dornheim.de)
Glashaus (www.garten-restaurant-am-glashaus.de)
Goldene Gans (www.goldene-gans-wuerzburg.de)
Hofbräukeller (www.wuerzburger-hofbraeukeller.de)
Jahnterrasse (www.kolmstettersjahnterrasse.com)
Schützenhof (www.schuetzenhof-wuerzburg.de)
Zaubergarten (www.zauberberg.club)
Zollhaus (www.zollhaus-wuerzburg.de)

Stöbern & entdecken

Von Klein bis Groß

Ist es in den Geschäften an der Haupteinkaufsstraße eher schwierig, etwas Individuelles zu finden, werden Sie schon wenig weiter in den Gassen der Altstadt schnell fündig. Hier sind auch Dekoratives, Handgemachtes und kreative Mode, ebenso Raritäten wie ein Spezialgeschäft für Backzubehör oder Kerzengeschäfte zu entdecken.

Würzburgs Fußgängerzone dominieren dagegen die einschlägig bekannten Bekleidungshäuser der großen Ketten. Direkt neben dem Rathaus am Grafeneckart liegt das große Modehaus Wöhrl, das seinen Hauptsitz in Nürnberg hat. Hier finden Sie eine riesige Auswahl an Markenklamotten, aber auch eine Parfümerie. Das in Rottendorf (8 km östlich von Würzburg) residierende Bekleidungsunternehmen s.Oliver verkauft seine Produkte in ca. 20 Ländern und hat seinen Flagshipstore am Würzburger Marktplatz.

In der Weinstadt Würzburg bietet es sich an, die eine oder andere Flasche Wein mitzunehmen. Wein aus Würzburg und der mainfränkischen Umgebung gibt es natürlich auch in allen Kaufhäusern oder Supermärkten. Wesentlich schöner (am besten nach einer Weinprobe) kaufen Sie ihn aber direkt bei den Weingütern. Ansonsten finden Sie schöne und geschmackvolle Würzburg-Mitbringsel in vielen Läden der Innenstadt, vom Geschirrhandtuch mit Stadtsilhouette bis zum Keksausstecher in Festungsform. Schlendern Sie einfach durch die Gassen der Altstadt und lassen sich von der bunten Vielfalt inspirieren ...

ZUM SELBST ENTDECKEN

Die größeren Geschäfte der Ketten und auch das älteste noch existierende Vollsortiment-Warenhaus in Würzburg, die Galeria Kaufhof, liegen fast alle entlang der Schönbornstraße, zum Stöbern in kleineren Läden bieten sich die Gassen hinter der Marienkapelle bis zur Juliuspromenade, aber auch rund um die Eichhorn- und Spiegelstraße an.

Würzburg wurde bereits 2011 als Fairtrade-Town zertifiziert, der Landkreis 2016. Zusehends mehr hiesige Einzelhändler bieten Produkte aus fairem Handel an.

Garant für fairen Handel: der Weltladen

Stöbern & entdecken

MUSIK UND COMICS

Vinyl und mehr
H2O 🔒 Karte 2, A 3
Wasser ist Lebensmittel, Musik auch: Und das H$_2$O ist ›der‹ Plattenladen in Würzburgs Innenstadt. Hier finden Sie von Jazz über Pop, Independent, Gothic, Punk, Soul bis zu verschiedenster elektronischer Musik fast alles auf CD und Vinyl – neu wie gebraucht. Neuerscheinungen können bestellt werden, wer etwas Spezielles sucht, wird kompetent beraten. Sie können auch probehören! Außerdem im Angebot: DVDs, Poster und T-Shirts.
Karmelitenstr. 28, T 0931 57 26 11, www.h2o-records.de, Mo–Fr 11–19, Sa 11–18 Uhr

Alte Scheiben plus
Musicland 🔒 Karte 2, C 5
Einen zweiten Plattenladen finden Freunde der schwarzen Scheiben am Peterplatz. Auch Secondhand-CDs, Bücher und DVDs.
Peterplatz 2, T 0931 186 55, Mo–Fr 13–18.30, Sa 11–17 Uhr

Nicht nur bunte Bildchen
Hermkes Romanboutique 🔒 G 4
Comicfreaks aufgepasst! Hier findet sich eine große Vielfalt an deutschen, aber auch aus den USA, Europa und Asien stammenden Comics – neu und gebraucht. Dazu jede Menge Fantasy und Science Fiction in Buch- oder Rollenspielform – was für Spezialisten!
Valentin-Becker-Str. 1a, T 0931 557 67, www.comicdealer.de, Mo–Fr 10–19, Sa 9–16 Uhr

DELIKATESSEN UND LEBENSMITTEL

Bio zentral
denn's Biomarkt 🔒 Karte 2, C 2
Bio an der Juliuspromenade mitten im Zentrum. Obst und Gemüse, Käse und Backwaren, Fleischwaren aus artgerechter Haltung, Getränke, aber auch Drogerieartikel kann man hier erwerben. Das Bio-Bistro bietet ein tägliches Mittagsmenü.

Im »Unverpackt« bekommt man alles außer knisternde Plastikverpackungen.

Juliuspromenade 64, T 0931 46 79 51 60, www.biomarkt.de; Markt Mo–Sa 9–20, Bistro Mo–Sa 8–20 Uhr

Gutes von der Bio-Familie
ebl naturkost 🔒 K 4
»Einfach besser leben« heißt das Motto der ebl-Biofachmärkte. Hier am Hubland können Sie Bio-Lebensmittel und -Produkte (von Obst und Gemüse über Fleisch, Wurst und Käse bis hin zur Naturkosmetik) auf über 1000 m^2 einkaufen. Damit hat das fränkische Familienunternehmen mit fast 30 Filialen im Nürnberger und Bamberger Raum nun auch eine in Unterfranken.
Rottendorfer Str. 65, T 0931 45 28 91 30, www.ebl-naturkost.de, Mo–Sa 8–20 Uhr

Röstaromen
Kaffee Manufaktur 🔒 Karte 2, C 3
Täglich frisch geröstete Hochlandkaffees von bester Qualität finden Sie hier in der Spiegelstraße. Durch die schonende Trommelröstung entfalten die größtenteils bio-zertifizierten Kaffees facettenreiche Aromen und sind besonders magenfreundlich, was Sie an der Kaffeebar gleich mal auszuprobieren können. Es gibt auch hochwertige Bio-Tees, Gourmet-Trinkschokoladen, exquisite Confiserieprodukte und Kaffee- und Tee-Accessoires.
Spiegelstr. 19, T 0931 329 13 40, www.kaffeemanufaktur-wuerzburg.de, Di–Fr 10–18.30, Sa 10–16 Uhr

Lasst die Hüllen fallen
Unverpackt 🔒 Karte 2, B 5
Jeder kennt das: Nach einem Einkauf im Supermarkt stapelt sich zu Hause

Stöbern & entdecken

REBENSAFT & PRICKELNDES

Natürlich bietet es sich in der Weinstadt Würzburg an, als Souvenir die eine oder andere Flasche Silvaner, Müller-Thurgau, Scheurebe, Bacchus, Spätburgunder, Domina oder Dornfelder mitzunehmen. Am besten probieren Sie zuvor in den Weingütern der Stadt:

Weinhaus Bürgerspital: Karte 2, C 3, Theater-/Ecke Semmelstraße, T 0931 350 34 03, www.buergerspital.de, Mo 9–18, Di–Sa 9–24, So 11–18 Uhr
Weingut Juliusspital: ▶ S. 42
Staatlicher Hofkeller Würzburg – Vinothek: ▶ S. 109
Weingut am Stein Ludwig Knoll: ▶ S. 51
Weingut Reiss: ▶ S. 51
Sektkellerei Höfer: Karte 3, B 2, Frankfurter Str. 87 (auf dem Bürgerbräu-Gelände), T 0931 467 94 47-0, www.hoefersekt.de, Mo–Fr 8–17 Uhr. Klassische Rebsortensekte und Cuvées mit traditioneller Flaschengärung. Eine der Grundlagen für die hohe Qualität sind die ehemaligen Bierkeller des Bürgerbräus, in denen bei ca. 10 oC die Gärung sehr langsam in Gang kommt.
Sektkellerei J. Oppmann: Karte 3, C 1, Im Kreuz 3 (Gewerbegebiet Ost), T 0931 35 57 40, www.oppmann.de, Mo–Do 8–16, Fr 8–12 Uhr. Seit 1865 bietet die älteste bayerische Sektkellerei edle Jahrgangssekte, noble Cuvées, spritzige Seccos und erfrischende Sektmixgetränke. Auch Kellereiführungen und Sektproben sind im Programm.

der Verpackungsmüll. ›Unverpackt‹ in der Würzburger Sanderstraße hilft, Verpackungen zu vermeiden. Aus großen Behältern füllen Sie sich Reis, Nudeln, Getreide ab in mitgebrachte Gefäße, können Gemüse und Obst, Käse und Butter, aber auch Seife und feste Zahnpasta ›hüllenlos‹ einkaufen. Dabei sind viele Produkte biologisch und fair gehandelt und möglichst regional eingekauft.

Sanderstr. 5, T 0152 34 54 98 04, www.wuerzburg-unverpackt.de, Mo, Di, Do, Fr 10–19, Sa 10–16 Uhr

WOCHENMÄRKTE

Den **Grünen Markt** (Karte 2, B 3/4) finden Sie an Markttagen auf dem Unteren Markt neben den fest installierten Marktbuden, deren Angebot von Gemüse und Obst über Bratwurst und

Stöbern & entdecken

diverse andere Spezialitäten bis hin zu Fisch reicht.
Di, Mi, Fr 7–18, Sa 7–16 Uhr

Der **Bauernmarkt** (Karte 3, B 2) wurde 1992 auf dem Bürgerbräu-Gelände erstmals veranstaltet und bietet seither frische regionale und nachhaltige Produkte.
Frankfurter Str. 87, www.wuerzburger-bauernmarkt.de, Tram 2, 4: Sieboldmuseum, an jedem 1. Sa im Monat 8–12.30 Uhr

GESCHENKE, DESIGN, KURIOSES

Stilvoll
Eckhaus Wohnaccessoires
Karte 2, B 4
In der Gasse vom Unteren Marktplatz zum Rathaus liegt das Eckhaus, das schöne und stilvolle Wohnaccessoires verkauft. Man findet in dem Laden mit Ausstellungsfläche im historischen Gewölbekeller auch ausgefallene Kleidung, Modeschmuck, Taschen und Verspieltes. Nachhaltig produzierte Möbel bietet das Eckhaus Concept in der Häfnergasse 5 (Karte 2, B 3).
Langgasse 8, T 0931 120 01, www.eckhaus-wuerzburg.de, Mo–Fr 10–18.30, Sa 10–18 Uhr

Kooooorrekt!
JAC Karte 2, B 4
Einkaufen mit gutem Gewissen macht doppelt Spaß: JAC (just act collective) steht für fair produzierte und gehandelte Damenmode (Kleider, Röcke, Jacken, Hosen) aus Bio-Baumwolle. Alles politisch-ökologisch korrekt!
Augustinerstr. 1a, T 0931 35 82 74 89, www.jacwuerzburg.de, Mo–Sa 10–18 Uhr

Pusteblumen und Mohnblüten
frautonkrug Karte 2, D 2
Etwas versteckt in einem Hinterhof der Semmelstraße liegt der kleine Laden mit Keramikwerkstatt von Susanne Krug. Ihr schönes Töpfergeschirr ist mit Pusteblumen oder Mohnblüten verziert, eine andere Produktreihe wirkt durch ihr schlichtes Grau sehr edel: handgemachte (wenn auch zerbrechliche) Mitbringsel, für die es sich lohnt, wieder Platz im Geschirrschrank zu schaffen!
Semmelstr. 64 (Hinterhof), T 0151 43 13 94 75, www.frautonkrug.de, Mo–Mi bei Werkstattbetrieb Termine n.V., Do/Fr 11–18 Uhr

Selbst ist der Ton
TonArt Karte 2, B 4
Wer selbst einmal töpfern ausprobieren möchte, hat dazu im TonArt Kreativraum Gelegenheit. Für 5 € die Stunde dürfen Sie Keramik bemalen oder sich selbst an die Drehscheibe setzen. Es werden auch Kurse angeboten. Im TonCafé gibt es Bio-Kaffee und -Tee. Noch ein Stückchen Kuchen dazu!
Ursulinergasse 6 (Eingang Bockgasse), T 0176 34 49 16 08, www.tonart-wue.de, Di 14–18, Mi 10–18, Do 13–21, Fr 13–18 Uhr

Kleines Glück
liten lycka Karte 2, B 4
Von dem schmalen Eingang sollten Sie sich nicht täuschen lassen: Sind Sie da mal durch, weitet sich der Raum, in dem zumindest jede Frau ihr ›kleines Glück‹ (schwed. *liten lycka*) entdecken kann. Skandinavische Wohnaccessoires verbinden sich zusammen mit einer gemütlichen Kaffeeecke zu einem einladenden Ladenkonzept.
Beim Grafeneckart 13, T 0931 35 83 03 12, www.litenlycka.de, Mo–Mi 10–17, Do–Sa 10–18 Uhr

Für Spielkinder
Die Murmel Karte 2, B 5
Ein sehr schöner Kinderspielzeugladen in der Augustinerstraße, der nicht nur Kinder anspricht: In dem liebevoll ausgesuchten Angebot findet man für jedes Kind das passende Geschenk. Die Wände des Ladens wurden mit Würzburger Künstler Markus Westendorf ausgestaltet.
Augustinerstr. 7, T 0931 593 49, www.die-murmel.de, Mo–Mi 9–18, Do/Fr 9–19, Sa 9–16 Uhr

Im Einklang mit der Natur
Naturkaufhaus Body & Nature
Karte 2, B 3
Nachhaltigkeit, natürliche Inhaltsstoffe und ökologische Unbedenklichkeit sind

Stöbern & entdecken

hier wichtig. 1995 wurde der Laden als erstes Kaufhaus dieser Art in Deutschland eröffnet. Kontrollierte Naturkosmetik, hautfreundliche Textilien – insbesondere gesunde Baby- und Kindermode aus reiner Naturfaser –, handverlesene Accessoires, Geschenkartikel und Papeterieware, sowie eine Yoga- und Wellness-Abteilung bietet das Naturkaufhaus auf zwei Etagen im Herzen Würzburgs am Unteren Markt gegenüber dem Rathaushof.
Rückermainstr. 1, T 0931 129 55, www.naturkaufhaus.de, Mo–Mi 9.30–18, Do/Fr 9.30–19, Sa 9.30–18 Uhr

Bunte Vielfalt
Perlenmarkt Würzburg
Karte 2, B 3
In einer Seitengasse des Marktplatzes gegenüber vom Traditionsgasthaus Zum Stachel können Sie aus unzähligen Perlen Ihren eigenen Schmuck kreieren, aber auch bereits fertige Stücke erwerben. Wählen Sie aus einer riesigen Perlenvielfalt in verschiedensten Formen, Farben und Materialien aus aller Welt.
Marktplatz 3a, T 0931 586 45, www.perlenmarkt-wuerzburg.de, Di–Sa 10–18 Uhr

Globaler Anzieher
s.Oliver Karte 2, B 3
Der große Bekleidungshersteller hat seinen Hauptsitz in Rottendorf (ca. 8 km östlich von Würzburg). Gegründet 1969, betreibt er über 260 eigene Läden und sponsert u. a. das Würzburger Profi-Basketballteam s.Oliver Baskets. Der große Flagship-Store am Oberen Markt wurde 2010 mit dem Antonio-Petrini-Preis für Architektur der Stadt Würzburg ausgezeichnet. In Rottendorf gibt es auch ein großes Outlet-Center von s.Oliver, aber auch Geschäfte anderer Marken.
Am Marktplatz 13, T 0931 355 02 14, www.soliver.com, Mo–Sa 9.30–20 Uhr; Outlet: Karte 3, C 2, Am Moritzberg 3, 97228 Rottendorf, T 09302 309 64 95, tgl. 10–19 Uhr

Wo Tradition leuchtet
Wachswarenfabrik Max Jakob
Karte 2, B 3
Kerzen aller Art – ob Taufkerzen, Brautkerzen, Altarkerzen, Kerzen für den Weihnachtsbaum oder andere in allen möglichen Farben und Formen – finden Sie im alten Ladengeschäft der Wachswarenfabrik Max Jakob in der Bronnbachergasse. Seit 125 Jahren gibt es diese Qualitätskerzen für jede Gelegenheit.
Bronnbachergasse 18a, T 0931 527 31, www.max-jakob.de, Mo–Fr 8.30–17, Sa 9–13 Uhr

Fair und schön
Weltladen Würzburg Karte 2, B 4
In diesem Fachgeschäft des Fairen Handels (von dessen Art es ca. 850 in Deutschland gibt) arbeiten mehr als 50 ehrenamtliche Helfer, die schöne Produkte aus Afrika, Asien und Lateinamerika für den verantwortungsbewussten Kunden präsentieren. Bekleidung, Schmuck, Geschirr, aber auch Bananen, Kaffee und vieles mehr.
Plattnerstr. 14, T 0931 173 08, www.weltladen-wuerzburg.de, Mo–Fr 10–18, Sa 10–16 Uhr

So geht Kreislauf
Zukunftshaus Karte 2, B 4
Ein Gegenmodell zu Konsumrausch und Wegwerfmentalität zu schaffen, ist das Ziel der Mitglieder der Zukunftshaus Genossenschaft. Und ihr Konzept zu einem nachhaltigeren Konsum ist so einfach wie genial: Statt etwas neu zu kaufen, kann man hier Alltagsprodukte, die man nur selten braucht, auf Zeit mieten und defekte (Elektro-)Artikel kostengünstig reparieren lassen. In den beiden Tauschräumen kann man gut erhaltene Dinge abgeben oder ganz umsonst mitnehmen. Einen Verkaufsraum gibt es auch. Allerdings werden keine Wegwerfprodukte angeboten, sondern nur Dinge, die nachhaltig produziert, langlebig und reparierbar sind.
Augustinerstr. 4, T 0931 66 08 04 80, www.zukunftshaus-wuerzburg.de, Mo–Sa 10–18 Uhr

Darf es was Besonderes sein?
zeychen & wunder E 5
Geschenke, Kunst und Kokolores: Unter einem Dach in der Sanderstraße vereinen sich eine Produzentengalerie und ein Laden. Dort finden Sie schöne, lustige und skurrile Dinge direkt von

Stöbern & entdecken

Nicht in Paris: der Kunsthandwerkermarkt Klein Montmartre.

den Machern selbst oder aus kleinen Manufakturen. Die ausgewählten Unikate und Kleinserienprodukte, wie z. B. T-Shirts, Taschen, Schmuck, Poster, Postkarten und Bilder, sind alle etwas Besonderes!
Sanderstr. 31, T 0931 46 54 49 11, www.zeychenundwunderwuerzburg.de, Di–Fr 10–19, Sa 11–17 Uhr

Zu schön, um Ware zu sein ...
Creation DK 🛍 Karte 2, B 4
Schöne Einrichtungsideen für zu Hause liefert der Laden von Dagmar Kopp: Möbel, Leuchten, Vasen, Wohnaccessoires, Stoffe und schicken Schnickschnack.
Sterngasse 3, T 0931 133 63, www.creationdk.de, Mo/Di nach Vereinbarung, Mi–Fr 11–18, Sa 11–16 Uhr

England, Frankreich und daheim
Schräg gegenüber vom prominenten **Modehaus Wöhrl** (📍 Karte 2, A/B 4) liegen etwas versteckt unter dem roten Sandsteinbau des Rathauses zwei kleinere Läden (Beim Grafeneckart 2), in denen Sie einmal gedanklich nach England (**Eton Place,** www.eton-place.de), und in die Schöne Welt des Wohnens (**Formschön,** www.formschoen-wuerzburg.de) reisen können.

KUNSTHANDWERKERMÄRKTE

Klein Montmartre 📍 Karte 2, D 3
Zweimal im Jahr – im Frühjahr und Herbst – veranstaltet die Würzburger Künstlerinitiative e.V. den Kunsthandwerkermarkt Klein Montmartre mit schönen handgearbeiteten Unikaten auf der Leonard-Frank-Promenade am linken Mainufer.
Termine: www.salon77.de

Auch im **Congress Centrum Würzburg** (CCW, Turmgasse 11, 📍 Karte 2, A 2) oder in der **Posthalle** (▶ S. 106) finden Märkte zu Kreativ-, Kunst- und Designthemen statt.
Termine: www.meine-kunsthandwerker-termine.de

Süße Qual der Wahl

Würzburg ist Universitätsstadt und beherbergt als solche viele Studenten, was der Party- und Eventszene nur gut tut. Obwohl die Stadt nicht zu den größten der Republik gehört, bietet sie doch vielfältigste Möglichkeiten, sich den Abend und die Nacht zu vertreiben.

Möchten Sie am früheren Abend ein Bierchen trinken, haben schon zahlreiche Cafés und Kneipen geöffnet, in denen Sie genauso bis spät in die Nacht sitzen bleiben können. In den Weinstuben kann man zumeist gut essen, aber später am Abend auch einfach nur seinen Schoppen genießen. Die vielen Weinfeste in der Sommerzeit bieten ebenfalls Gelegenheit, dem Rebensaft in schönem Ambiente, etwa im Hofgarten oder im Innenhof des Bürgerspitals, zuzusprechen.

Auch die verschiedenen Musikgeschmäcker kommen auf ihre Kosten: Hört man seit fast 50 Jahren auf der kleinen Kellerbühne **Omnibus** Jazz, Blues und Folk, ist die **Posthalle** ein ganz anderes Kaliber. Zahlreiche Konzertereignisse für ganz unterschiedliche Zielgruppen finden dort statt, von Rock/Pop über Disconächte bis hin zu Klassik. Apropos: Die vielleicht bekannteste Veranstaltung Würzburgs ist das **Mozartfest,** aber auch das **Africa Festival** und das **Umsonst & Draußen** (▶ S. 106) haben ihren festen Platz im Veranstaltungskalender. Schauspielkunst, Ballett und Oper finden im **Mainfranken Theater Würzburg** ihre Bühne, die kleineren bieten ebenfalls ein abwechslungsreiches Programm.

ZUM SELBST ENTDECKEN

Wenn Sie sich nicht gleich entscheiden können, was Sie am Abend unternehmen möchten, können Sie sich auf jeden Fall einfach einmal in die **Sanderstraße** begeben. Dort finden Sie gemütliche Café-Kneipen wie das Uni-Café, Weinstuben und Bierkeller wie Till Eulenspiegel oder Cocktailbars wie das Loma.

Veranstaltungsinfos
www.frizz-wuerzburg.de
www.wuerzburger
leben.de
www.wuewowas.de
In Papierform informieren die Magazine FRIZZ, Tiepolo und Leporello. Sie liegen an vielen Stellen, wie z. B. der Tourist Information im Falkenhaus, in Kneipen und Geschäften aus.

Nicht nur für Klassikfans: das Mozartfest

Wenn die Nacht beginnt

BARS UND KNEIPEN

Cocktails und mehr
Besitos und Enchilada
✹ Karte 2, A 3
Nicht weit vom Rathaus werden in der Karmelitenstraße 20 in gleich zwei Lokalitäten Cocktails gerüttelt und geschüttelt: Das spanische Restaurant Besitos (Spezialität Tapas) bietet im Sommer einen schönen Innenhof. Das Enchilada tischt außerdem mittelamerikanische Köstlichkeiten wie Burritos und Fajitas auf.

Karmelitenstr. 20; Besitos: T 0931 145 55, www.wuerzburg.besitos.de, Mo–Do, So 17–1, Fr/Sa 17–2 Uhr; Enchilada: T 404 44 02 www.wuerzburg.enchilada.de, tgl. 11.30–24, Fr/Sa bis 2 Uhr

Scharf
Habaneros ✹ Karte 2, C 2
Das »Texican Restaurant y Bar« hat seinen Namen von der schärfsten Chilischote der Welt. Hier bekommen Sie Tex-Mex-Food, aber auch eine große Cocktailkarte von Classic Margarita bis Strawberry Colada. Das Ambiente versetzt einen auf den Dorfplatz eines mexikanischen Westerns.

Theaterstr. 1–3, T 0931 30 42 5116, www.habaneros.de, So–Fr ab 17, Sa ab 16.30 Uhr (um Reservierung wird gebeten)

Kollektivstruktur
Kult ✹ E 5
In einer Nebenstraße der Sanderstraße liegt die am 3. Oktober 1989 gegründete, selbstverwaltete Kneipe. Das Besondere ist, dass die Mitarbeiter das Lokal gemeinsam und basisdemokratisch betreiben. Große Auswahl an Gerichten und Getränken (Fair-Trade-Kaffee), es gibt viel Vegetarisches und Veganes, Frühstück bis 15 Uhr.

Landwehrstr. 10, T 0931 531 43, auf Facebook, Mo–Sa 18–1 Uhr

Hafenflair am Main
Marina Hafenbar ✹ D 6
In der Nähe der Löwenbrücke auf der linken Mainseite sorgt die Marina Hafenbar (Restaurant mit Bar) für Hafenromantik am Main. Direkt neben Bootsanlegeplätzen genießen Sie Cocktails, Pizzen oder Gegrilltes vom Holzkohlegrill auf einer Terrasse. Auf den Tisch kommt auch Steckerlfisch.

Mergentheimer Str. 9, T 0931 99 16 33 40, www.marina-hafenbar.de, Mo–Sa 17–23, So 12–23 Uhr

Die Legende lebt
Standard ✹ Karte 2, C 2
Die Kneipenlegende mitten in der Altstadt von Würzburg dürfte älteren Semestern noch unter dem Namen ›Waschküch‹ ein Begriff sein. Im Erdgeschoss herrscht eine schlichte, aber gemütliche Kneipeneinrichtung vor, über eine schmale Treppe geht es in den Musikkeller. Dort gibt es Livemusik, an jedem Montag das »Kellerquiz« oder sonntags den »Tatort« bzw. »Polizeiruf 110« auf Großbildleinwand. Vegetarische und vegane Gerichte stehen ebenso auf der Karte.

Oberthürstr. 11a, T 0931 511 40, www.standard-wuerzburg.com, Mo–Do 12–1, Fr/Sa 12–3, So 15–1 Uhr

Klein-Manhattan
Chase Bar ✹ Karte 2, B 4
In der eleganten Bar im America-Style drängeln sich die Jungen und Schönen neben lokalen VIPs, um zu sehen, gesehen zu werden und den einen oder anderen Cocktail zu schlürfen. Das musikalische Programm bewegt sich zwischen Indie, Alternative und Elektro.

Bockgasse 3, T 0931 502 71, www.chase-bar.de, Di–Sa 18–1 Uhr

LIVEMUSIK

Nicht nur für die Kids
Jugendkulturhaus Cairo
✹ Karte 2, A 5
Konzerte, Lesungen, Filmabende, Theater – im Jugendkulturhaus Cairo ist fast jeden Abend etwas geboten. Die Webseite gibt Infos über die unterschiedlichen Termine, die Vorverkaufsstellen

Wenn die Nacht beginnt

und Preise. Manche Veranstaltungen finden auch im Innenhof statt.
Fred-Joseph-Platz 3, T 0931 41 69 33, www.cairo.wue.de, Veranstaltungen: Do–Sa bis 24 Uhr, So geschl.; Büro und Werkstätten: Mo–Do 15–21, Fr ab 16 Uhr

Rock aus aller Welt
Jugendkulturtreff Immerhin
✺ Karte 2, C 1
Seit 1985 bestehend, befindet sich der Jugendkulturtreff und Club seit 2010 im Keller unter der Posthalle. Er hat sich zum Subkulturstandort der Würzburger Musikszene entwickelt und bietet an ca. 120 Tagen im Jahr Livekonzerte und DJ-Abende. Bands kommen aus der ganzen Welt, z. B. aus Schweden, Finnland, Japan oder Brasilien, und haben Rock in allen Schattierungen im Gepäck (von Punk über Psychedelic, Stoner, Hardcore bis Heavy Metal).
Bahnhofplatz 2, www.immerhin-wuerzburg.de, Fr/Sa 21–2 Uhr und an wechselnden Wochentagen bzw. Veranstaltungen

Bei Rockfans Kult
Tscharlie ✺ Karte 2, B 6
Keine andere Kneipe verkörpert die good vibrations des Rock'n'Roll mehr als das Tscharlie, seit über 40 Jahren das Rock-Urgestein von Würzburg. Aktuelle Musiktrends kommen dabei aber auch nicht zu kurz. Für Hungrige gibt es bis tief in die Nacht Pizzen und Nachos.
Sanderstr. 8, T 0931 513 95, auf Facebook, So–Do 19–2, Fr/Sa 19–3 Uhr

Umverteilt
Posthalle ✺ Karte 2, C 1
Die POHA ist seit einigen Jahren die große Veranstaltungshalle in Würzburg mit Platz für über 2000 Leute. 1970 wurde das ehemalige Postverteilungszentrum am Bahnhofplatz neben dem Posthochhaus gebaut, und noch heute kann man die alten Postleitzahlen auf dem Boden erkennen. Sie wird für Konzerte, DJ-Partys, Public Viewing bei Fußball-Großereignissen, aber auch für bestuhlte Klassik- oder Kabarett-Veranstaltungen, Floh- oder Kreativmärkte genutzt.
Bahnhofplatz 2, T 0931 99 17 78 90, www.posthalle.de

OPEN-AIR-EVENTS

Musik unter freiem Himmel bieten drei besondere alljährliche Veranstaltungen in Würzburg:
Das **Mozartfest** (www.mozartfest.de) ist für viele der Höhepunkt des kulturellen Lebens in Würzburg. Renommierte Orchester und Solisten spielen u. a. im einzigartigen Ambiente der Residenz; besondere Atmosphäre bietet die **Kleine Nachtmusik** Ende Mai–Ende Juni im Hofgarten (günstige Karten ohne Sitzplatz, deshalb Decken, Klappstuhl mitnehmen).
Die Rhythmen Afrikas erklingen im Frühsommer beim **Africa Festival** (www.africafestival.org) auf den Talavera-Mainwiesen. Außerdem bereichert ein riesiger Basar und Kunsthandwerkermarkt Europas größtes Festival für afrikanische Musik und Kultur.
Seit über 35 Jahren gibt es schon das legendäre **Umsonst & Draußen** (www.umsonst-und-draussen.de) auf den Mainwiesen an vier Tagen im Juni: deutsche und europäische Musikacts auf mehreren Bühnen, gratis!

THEATER

Viersparten haus
Mainfranken Theater Würzburg
✺ Karte 2, D 3
Musiktheater, Schauspiel, Junges Theater, Ballett, Konzerte, Theater- und Musikpädagogik – jede Spielzeit hat ein übergreifendes Thema und wird im September mit dem Theaterfest eröffnet. Im Mai findet das Kindertheaterfest statt, Sonderveranstaltungen wie »Spaziergänge hinter den Kulissen« (jeden letzten Sa im Monat, 15 Uhr) runden das

Wenn die Nacht beginnt

Beim Africa Festival spielt die Musik!

reichhaltige Angebot ab. Seit Dezember 2023 wird der Neubau bespielt, die Sanierung des Bestandsbaus wird noch einige Jahre in Anspruch nehmen.
Theaterstr. 21, T 0931 390 81 24, www.mainfrankentheater.de, Theaterkasse: Di–Fr ab 10, Sa 10–14 und ab 17 Uhr, So/Fei bis 1 Std. vor Vorstellungsbeginn

Szene frei!
Daneben gibt es in der Stadt eine lebendige Szene kleinerer Theater: Komödien, Improtheater, Volksstücke und mehr bietet das **Theater Chambinzky** (☼ G 4, Valentin-Becker-Str. 2, T 0931 512 12, www.chambinzky.com, Haus-Bar: Di–So ab 17 Uhr), das mit seiner Gastronomie auch ohne Theaterbesuch einen netten Abend gewährleistet. Das **Plastische Theater Hobbit** (☼ E 5, Münzstr. 1, www.theater-hobbit.de) widmet sich dem Spiel mit animierten Puppen und Figuren. Das freie **theater ensemble** (☼ Karte 3, B 2, Frankfurter Str. 87, www.theater-ensemble.net) hat seine Bühne auf dem Gelände der Bürgerbräu. Zielgruppe des **Theaters am Neunerplatz** (☼ C 3, Adelgundenweg 2a, www.neunerplatz.de) sind zwar hauptsächlich die Kinder, doch abends werden auch Stücke für Erwachsene aufgeführt. Das **Theater Augenblick** (☼ D 2, im Kulturspeicher, Oskar-Laredo-Platz 1, www.theater-augenblick.de) gehört zu den Mainfränkischen Werkstätten (gemeinnütziger Verein, der Menschen mit Behinderung die Teilnahme am Arbeitsmarkt ermöglicht). Hier agieren Menschen mit Handicap als Schauspieler. Die 1981 gegründete **Theaterwerkstatt** (☼ Karte 2, D 3, Rüdigerstr. 4, www.theater-werkstatt.com) ist das älteste Privattheater Würzburgs.

TANZEN

Großdisco
Airport ☼ Karte 3, C 2
Rund 40 Jahre hat die Großdisco am Stadtrand Würzburgs schon auf dem Buckel und zählt damit zu den ältesten Unterfrankens. 1983 wurde die einem Flughafenterminal nachempfundene Tanzhalle eröffnet. Nach vielen Betreiberwechseln und Umbauten ist sie inzwischen wieder geöffnet.
Gattingerstr. 17, T 0931 80 41 84 40, www.club-airport.com, Bus 26: Gattingerstraße Ost, Fr/Sa 21–5 Uhr

Wenn die Nacht beginnt

Clubdreieck
Drei Locations liegen in der Nähe des Kulturspeichers nahe beieinander:

Das Boot ☼ D 2
Abtanzen auf den Fluten des Mains kann man in der schwimmenden Diskothek Das Boot mit drei Deckebenen. Der umgebaute ehemalige Ausflugs- und Kohledampfer wurde 1996 von Nürnberg nach Würzburg überführt. Im Sommer besonders schön: das Freideck mit Theke und Liegestühlen.
Veitshöchheimer Str. 14 (beim Parkplatz Alter Hafen, unterhalb der Brücke zur Deutschen Einheit), T 0931 593 53, www.das-boot.com, Do–Sa 22–5 Uhr

Alter Ego ☼ D 2
Tagsüber ein braves Museumscafé, in dem Kaffee und Kuchen angeboten werden, nach 23 Uhr jedoch vollzieht sich eine wundersame Verwandlung in einen angesagten Club für Techno-Freaks und Raver, in dem DJs für einen perfekt gemischten Sound aus Deep House, Minimal, Techno und Trance sorgen.
Oskar-Laredo-Platz 1 (hinter Kulturspeicher), www.alter-ego.de, Do–Sa und vor Fei 23–5 Uhr

Zauberberg ☼ D 2
In diesem von den Stammgästen liebevoll ›Zaubi‹ genannten Dance-Club mit verschiedenen Specials gibt es einen Club-Bereich mit mehreren Tanzflächen, eine Lounge mit Sitzgelegenheiten und im Winter ein Marrakesh-Zelt im marokkanischem Stil, das im Bereich des Biergartens aufgebaut wird, der mit zu den ältesten der Stadt gehört.
Veitshöchheimer Str. 20, T 0931 329 26 80, www.zauberberg.club, Club: Do–Sa 22–5 Uhr; Biergarten ›Zaubergarten‹: im Sommer tgl. ab 17 Uhr

Abtanzen in historischem Gemäuer
Bombe ☼ Karte 2, B 3
Der Club in einem historischen Kellergewölbe ist eine der beliebtesten Eventlocations in der Innenstadt, in der sich vorwiegend jüngeres Publikum einfindet. Egal ob Elektro, Techno, Hip-Hop, House, Pop oder Reggae: Meist ist es proppenvoll und die Luft knapp.
Marienplatz 5, www.bombe-wuerzburg.de, Di, Fr, Sa 21 (im Sommer 22)–5 Uhr

Dresscode
Odeon Lounge ☼ Karte 2, B 5
In dem gehobenen Club ist elegante Kleidung angesagt. Er residiert im Gebäude des ehemaligen Odeon-Kinos und präsentiert ein elegant-trendiges

Wein am Stein – das Hoffest des Weingutes am Stein muss sein.

Interieur. Das Foyer mit seinen großen Treppen bietet Bar-Atmosphäre, im Club gibt es u.a. eine große Tanzfläche und eine Rundbar; für Sonderveranstaltungen wurde der große Kinosaal in einen Eventraum umgewandelt.
Augustinerstr. 18, T 0931 304 48 98, www.odeon-lounge.de, Mi, Fr und Sa 23–5 Uhr

Ehemaliges Schlösschen
Waldschänke Dornheim ✪ C 2/3
Einen Biergarten unter Kastanien, einen Nachtclub und eine Diskothek – das alles finden Sie in der Waldschänke Dornheim im und am ehemaligen Talavera-Schlösschen, das einst der Sommersitz eines Domherren war. Im Erdgeschoss ist die Bar, der Ballsaal ist der Ort für Partys und Konzerte.
Talaveraplatz, T 0931 46 77 99 33, www.waldschaenke-dornheim.de, Biergarten: Mo–Fr 16–1, Sa 14–1, So 12–1, Nachtclub/Disco: Fr/Sa 23–5 Uhr

KINOS

Ganz großes Kino
CinemaxX ✪ D 2
Seit 2009 mit dem Corso das letzte Innenstadtkino schloss, muss man zum Filmeschauen wohl oder übel die Altstadt verlassen: Neben dem Kulturspeicher liegt das große Multiplexkino CinemaxX. Seit 1999 zeigt es am Alten Hafen in sieben Sälen und mit über 1800 Plätzen Filme für alle Ziel- und Altersgruppen.
Veitshöchheimer Str. 5a, T 040 80 80 69 69 (10–21 Uhr), www.cinemaxx.de

Bewegte Bilder statt Bier
Central im Bürgerbräu
✪ Karte 3, B 2
Neu in einem äußert ansprechendem Umfeld präsentiert sich seit 2016 dieses Programmkino in der Zellerau. In den alten Gewölbekellern der ehemaligen Brauerei werden in drei Sälen auch künstlerisch anspruchsvolle Filme gezeigt.
Frankfurter St. 87, T 0931 78 01 10 57 (Kartenreservierung), www.central-bb.de

WEINFESTE

In der Weinstadt Würzburg gibt es zahlreiche Feste zur Ehren des Rebensafts: Den Beginn macht das **Kelterhallen Weinfest** (www.buergerspital-weingut.de) Ende März im Bürgerspital. Auf dem **Würzburger Weindorf** (www.weindorf-wuerzburg.de) werden Ende Mai/Anfang Juni Frankenweine auf dem Marktplatz ausgeschenkt. Das **Bürgerspital-Hofschoppenfest** (www.buergerspital-weingut.de) findet im Juni vor der Kulisse des Innenhofs der jahrhundertealten Stiftung statt. Der **Staatliche Hofkeller** (www.hofkeller.de) lädt Ende Juni/Anfang Juli in den schönen Hofgarten der Residenz. Beim Hoffest **Wein am Stein** (www.weingut-am-stein.de) im Juli blickt man von der berühmten Weinlage auf die Stadt hinab. Ende August bietet die **Weinparade Würzburg** (www.weinparade.de) auf dem Marktplatz das letzte Weinfest unter freiem Himmel mit erlesenen Tropfen und ausgesuchten Speisen. Den Abschluss bildet Ende November/Anfang Dezember die **Nacht der offenen Weinkeller** in den vier Würzburger VDP-Weingütern.
www.fraenkischer-weinfestkalender.de

Im Juni findet auf den Wiesen unterhalb der Festung das **Festungsflimmern** statt: auf der Neutorwiese und im Neutorgraben (✪ D 4) werden zwei Wochen lang ca. 20 Filme vor der herrlichen Kulisse des nächtlichen Würzburg gezeigt. Man sitzt entweder auf Decken auf der Neutorwiese oder auf Stühlen im neu installierten zweiten ›Kinosaal‹ des Neutorgrabens. Vor dem Film gibt es dann noch ein musikalisches Vorprogramm. Ab 22.30 Uhr wird der Ton auf Kopfhörer umgeschaltet.
www.festungsflimmern.de, Einlass 19.30, Filmbeginn ca. 21.45 Uhr, Tickets (2023) 12,80 €

Hin & weg

ANKUNFT

... mit dem PKW: Anbindungen zur Autobahn bestehen an die A3 Köln-Würzburg-München, die A7 Hamburg-Würzburg-Ulm und die A81 Stuttgart-Heilbronn-Würzburg.
Parken ist in der Innenstadt schwierig und ziemlich teuer. Der zentralste Parkplatz ist sicher der vor der Residenz (Karte 2, D 4), auch die Parkgarage unter dem Marktplatz (Karte 2, B 3/4) liegt absolut mittig. Gebührenfrei können Sie Ihr Auto auf dem Großparkplatz Talavera an der Mainaustraße (C/D 2/3) abstellen, von dort geht es mit der Tram 2 und 4 in die Stadt.
... mit dem Bus: Von diversen deutschen Städten fährt FlixBus mit kostengünstigen und stark nachgefragten Fernbussen nach Würzburg. Ihre Haltestelle befindet sich östlich des Hauptbahnhofs am Quellenbach-Parkhaus in der Haugerglacisstraße (Karte 2, D 1, www.flixbus.de, siehe auch www.busliniensuche.de)
... mit dem Zug: Der Hauptbahnhof Würzburg ist ein zentraler Knotenpunkt des Nah- und Fernverkehrs auf der Schiene, wichtige Regional- und Fernverkehrslinien kreuzen sich hier. Vor Ort befindet sich auch der unmittelbar westlich anschließende Busbahnhof, und auch die meisten Straßenbahnlinien (1, 2, 3, 5) halten vor dem Bahnhof. Zunächst entlang der Kaiserstraße, kommen Sie über die Juliuspromenade und Schönbornstraße in ca. 15 Min. zu Fuß zum Marktplatz. Diese Linien fahren auch über die Juliuspromenade und bringen Sie in wenigen Minuten zur Haltestelle Dom oder Rathaus mitten in der Stadt.

INFORMATIONEN

Tourist Information & Ticket Service
Falkenhaus am Markt (Karte 2, B 3)
Marktplatz 9
97070 Würzburg
T 0931 37 23 35 u. 37 23 98
falkenhaus@wuerzburg.de
www.wuerzburg.de/tourismus
Mai–Okt. Mo–Fr 10–18, Sa, So, Fei 10–14 Uhr, Nov.–April Mo–Mi, Fr 10–16, Do 10–18, Sa 10–14 Uhr
Congress Tourismus Würzburg
Am Congress Centrum (Karte 2, A 2)
97070 Würzburg
T 0931 37 23 35

WÜRZBURG IM INTERNET

www.wuerzburg.de
Die offizielle Seite der Stadt bietet umfassende Auskunft über Sehenswürdigkeiten, Ausflugsmöglichkeiten usw.
www.wuerzburgerleben.de
Nachrichten, Kultur, Events, Sport, Lifestyle, Campus und mehr
www.wuewowas.de
Veranstaltungshinweise, Kleinanzeigen, Wohnungsanzeigen, Jobbörse, Theater- und Kinoprogramm
www.wuerzburgwiki.de

Wollen Sie überhaupt wieder zurück?

Hin & weg

Die freie Online-Enzyklopädie strebt eine umfassende Darstellung von Geschichte und Kultur der Stadt und des Landkreises Würzburg sowie des lokalen Zeitgeschehens an.
www.mainpost.de
Die Mainpost hat in Würzburg als Tageszeitung eine Monopolstellung.

Radio
In Würzburg gibt es ein Funkhaus mit einem Internet-Nachrichtendienst für Mainfranken (www.mainfranken24.de) und zwei regionalen Radiosendern: Radio Gong (Frequenz 106,9) und Radio Charivari (102,4).

Würzburg Welcome Card
Mit der Würzburg Welcome Card können Sie die Stadt besonders günstig entdecken. Für 3 € gewährt Sie Ihnen Ermäßigungen in zahlreichen Museen, auf Führungen, auf den Eintritt in die Residenz, in Gaststätten und vieles mehr. Die Karte ist nach Erwerb 3 Tage gültig und erhältlich in der Tourist Information & Ticket Service (s. o.; Infos unter: www.wuerzburg.de/welcomecard).

REISEN MIT HANDICAP

Die Innenstadt von Würzburg kann sich mit Sicherheit noch nicht mit dem Adjektiv ›behindertengerecht‹ schmücken, stellen doch schon allein die Straßenbahnen durch die Fußgängerzone eine Gefahr dar. So können Menschen mit eingeschränkter Hörfähigkeit die Fahrzeuge oft nicht kommen hören, und mit schmalen Rädern kann man im Gleisbett hängen bleiben. Umgebaut wird gerade der Hauptbahnhof, so dass dort zumindest in absehbarer Zeit eine Verbesserung zu erwarten ist.
Sind die modernen Museen (Kulturspeicher) und auch die großen Kirchen (Dom und Neumünster) sowie die Residenz mit barrierefreien Eingängen versehen, fehlen diese bei so manchen Sehenswürdigkeiten noch. Auch Kaufhäuser und Läden sind oft schon mit einem Kinderwagen schwer zu betreten. Behindertengerechte Zimmer bieten eher die größeren Hotels (z. B. Hotel Melchior Park), man kann dies als Kriterium auf der Seite der Stadt Würzburg www.wuerzburg.de eingeben.
Es gibt barrierefreie Führungen, für die aber um frühzeitige Voranmeldung gebeten wird. Notwendige Begleitpersonen sind dabei kostenfrei.
Infos: Congress Tourismus Würzburg, Am Congress Centrum, Turmgasse 11, 97070 Würzburg, T 0931 37 26 50, fuehrungen@wuerzburg.de

SICHERHEIT UND NOTFÄLLE

Notrufnummern
Polizei: 110
Polizeiinspektion Würzburg Stadt: Augustinerstr. 24/26, T 0931 45 70
Feuerwehr/Rettungsdienst: 112
Krankentransport: T 0931 192 22
Ärztlicher Bereitschaftsdienst: T 116 117
Giftnotruf: T 089 192 40
Frauennotruf: T 0931 132 87
Kreditkartensperre: T 116 116, www.sperr-notruf.de

UMWELTFREUNDLICH UNTERWEGS

… mit Straßenbahn und Bus
Würzburgs Innenstadt ist relativ kompakt, die innerhalb des Ringparks gelegenen Lokalitäten sind eigentlich alle gut zu Fuß zu erreichen. Für die etwas weiteren Strecken bieten sich Straßenbahn und Busse an. Das Straßenbahnnetz verbindet innerhalb der Stadtgrenzen mit fünf Linien, das Bus-Netz mit 28 Linien auch außerhalb. Es gibt unterschiedlichste Fahrkartenvarianten von einer Einzelfahrkarte für vier Haltestellen bis zur Jahreskarte. Für Besucher am interessantesten sind sicher diese **Tickets:**
Kurzstrecke Eins+4: einfache Fahrt innerhalb der Großwabe, bis max. vier Haltestellen nach dem Einstieg, 1,40 €
Einzelkarte: einfache Fahrt, 2,80 €

Hin & weg

> ## MIT DEM RAD UNTERWEGS
>
> In Würzburg ist Radfahren sogar in der Fußgängerzone erlaubt! Allerdings nur in Schrittgeschwindigkeit und rücksichtsvoll. Auf der markierten **City-Rundtour** kann man die Stadt mit all ihren Highlights bequem mit dem Fahrrad erkunden. Außerdem lockt die reizvolle Umgebung: Durch Würzburg führt z. B. der **MainRadweg**, der sich von Würzburg in beide Richtungen zu fahren lohnt. Für Gruppen bietet die Tourist Information eine geführte Radtour zum **Sommerschloss der Fürstbischöfe** in Veitshöchheim an.
> www.mainradweg.com

6er-Karte: für sechs einfache Fahrten, kann aber auch gleichzeitig von sechs Personen genutzt werden, 11,40 €
Tageskarte Solo: für eine Person, endet um 3 Uhr des Folgetages; an Wochenenden sind die Tageskarten von Samstag bis einschließlich darauffolgenden Sonn- und Feiertag gültig, 4,60 €.
Tageskarte Plus: für bis zu sechs Personen, davon höchstens zwei älter als 15 Jahre, 6,60 €
Fahrkarten erhalten Sie an den Automaten der Haltestellen oder beim Fahrer.
www.wvv.de, www.vvm-info.de

… mit dem Fahrrad
Seit 2014 ist die Stadt Würzburg Mitglied in der Arbeitsgemeinschaft fahrradfreundliche Kommunen in Bayern (AGFK). Die Bedingungen für Radfahrer sollen in der Zukunft kontinuierlich verbessert werden.

Fahrradverleihe:
Bikes & More Ludwig Körner
Bronnbachergasse 3 (Karte 2, B 3)
T 0931 523 40
www.ludwigkoerner.de
Mo–Fr 10–14, 15–18, Sa 10–14 (im Advent bis 16) Uhr
Call a bike
Hauptbahnhof (Karte 2, C 1)
T 07000 522 55 22 (kostenpflichtig)
www.callabike-interaktiv.de/de/staedte/Wurzburg

Erthal-Sozialwerk Fahrradservice
Sanderstr. 27 (E 5)
T 0931 353 97 39
www.fahrradservice.erthal-sozialwerk.de
Mo–Mi, Fr 8–16, Do bis 18 Uhr

… mit dem Taxi
Der wichtigste und größte Taxistand befindet sich beim Hauptbahnhof (wenn man herauskommt, linkerhand) Die meisten gehören zur Taxi Würzburg e.G. (T 0931 194 10), Kolb Taxiunternehmen (T 0931 213 93) oder Taxi & Fahrdienst Mainfranken (T 0931 40 50 97).
www.taxi-wuerzburg.de

STADTFÜHRUNGEN

Altstadtrundgänge
Streifzüge durch Würzburgs Altstadt mit den wichtigsten Sehenswürdigkeiten wie Falkenhaus, Marienkapelle, Marktplatz, Rathaus, Kiliansdom und Neumünster finden ganzjährig statt: Jan.–März Sa 10.30, April–Dez. tgl. 10.30, April–Okt. Fr, Sa, Fei zusätzl. 14 Uhr, Dauer ca. 1,5 Std.; Treffpunkt: Falkenhaus am Oberen Markt, Karten bei der Tourist Information & Ticket Service (▶ S. 110), 12 €, erm. 10 €; Anmeldung erbeten, da begrenzte Teilnehmerzahl.

City Tour
Von der Bimmelbahn aus können Sie bequem die Sehenswürdigkeiten der Stadt betrachten. In ca. 40 Min. wird in einer Audioführung auch allerlei aus der Geschichte Würzburgs erzählt: Fahrten zur vollen Std. 2.–8. Jan. tgl. 11–15 (Winterpause 9. Jan.–31. Jan.), Febr. Sa/So 11–15, März Fr–So 11–15 Uhr, April, Nov., Dez. tgl. 11–15, Mai–Okt. tgl. 10–16 Uhr, Haltestelle: Residenzplatz/Balthasar-Neumann-Promenade; Karten erhalten Sie direkt beim Fahrer, 10 €,

Hin & weg

Kinder 2–14 Jahre 5 € oder online auf der Website.
www.city-tour.info

Nachtwächterführung
Ein besonderes Erlebnis ist es, mit dem Würzburger Nachtwächter unterwegs zu sein. In historischem Gewand samt Hellebarde und Kerzenlaterne führt er durch die abendlich romantischen Gässchen und Sträßchen der Würzburger Innenstadt und gibt in fränkischer Mundart spannende und heitere ›Gschichtli‹ aus der Vergangenheit der Bischofsstadt zum Besten: Jan./Febr. Fr/Sa 19 und 20, März–Okt. Mo–Do 20, Fr/Sa 20 und 21, Nov./Dez. Mo–Do 20, Fr/Sa 19 und 20 Uhr, Dauer ca. 1 Std.; Treffpunkt: Vierröhrenbrunnen vor dem Rathaus, 12,50 €, erm. 10 €, Kinder bis 10 Jahre frei
www.wuerzburger-nachtwaechter.de
Auf dieser Seite finden Sie auch noch andere Führungen z. B. zum Thema »Barockes Würzburg« oder »Typisch fränkisch«.

StadtVERführungen
Von Mai bis Okt. wechselnde Themenführungen immer sonntags um 15 Uhr. Hier erfahren Sie beispielsweise mehr über die Baudenkmäler auf dem Würzburger Hauptfriedhof, über das evangelische Würzburg, Riemenschneider und den Bauernkrieg: April–Okt. 15 Uhr, Dauer ca. 1,5 Std., 12 €, Kinder bis 14 Jahre kostenlos, um Anmeldung wird gebeten; Karten erhalten Sie direkt bei den Gästeführern kurz vor der Führung.
www.wuerzburger-gaestefuehrer.de

Es gibt viele weitere Angebote zu Führungen und Events, insbesondere für Gruppen – am besten fragen Sie einfach mal in der Tourist Information im Falkenhaus nach. Gut ein Dutzend Sehenswürdigkeiten können Sie mit einem Audioguide und einem Stadtplan mit Kennziffern individuell entdecken. Sie können sich den Audioguide für das Smartphone oder Tablet kostenlos herunterladen unter www.wuerzburg.de/audioguide.

MIT KINDERN IN WÜRZBURG

Das vierteljährlich erscheinende Kulturmagazin für Kids und Co. **Leporellino – Wer? Wie? Was? Wieso?** gibt Tipps für Veranstaltungen für Kinder, z. B. im Theaterbereich, aber auch Lesetipps (kostenlos erhältlich bei der Tourist Information; www.leporellino.de). In der Tourist Information ist auch ein Kinderstadtplan erhältlich, mit dem die Kids coole Plätze entdecken können. In den Sommermonaten bieten die Würzburger Gästeführer kindgerechte Führungen an, z. B. »Klickern, Kreiseln, Kohlenschleppen – Kinderalltag im alten Würzburg« oder »Fischers Fritze fischte frische Fische … Der Main und seine Geschichte« (www.wuerzburger-gaestefuehrer.de). In diversen **Museen** gibt es Angebote für Kinder – nachzulesen auf den jeweiligen Internetseiten.
Als Abwechslung vom ›Besichtigungsstress‹ bietet sich eine Runde **Minigolf** an. Sehr schön ist die Anlage an der Konrad-Adenauer-Brücke (📕 F 8, www.minigolf-wuerzburg.de). Wer sein **Skateboard** dabei hat, kann sich im Skatepark auf den Mainwiesen im Stadtteil Zellerau austoben (📕 A 2, Tram 2 und 4: DJK Sportzentrum; www.skatepark-wuerzburg.de).

O-Ton Würzburg

meefränggisch

Mainfränkisch

Gell und fei

GWERCH

typisch fränkische Bekräftigungswörter: Gell, du kommst? Des is fei net schlecht.

Bremser und Zwiebelplootz

Unordnung, Chaos

Jungwein und Zwiebelkuchen

Ned gschändt, is globt gnug!

ee Ä

Wenn man nicht schimpft, ist das Lob genug.

BOLIDIG

ein Ei

Angeblich können Franken grundsätzlich die harten Verschlusslaute nicht aussprechen, deswegen ist ›Politik‹ ein schweres Wort für sie.

Wengert, Häcker, Häckerwirtschaft

Guckela

Weinberg, Weinbauer, nur saisonal geöffnete Weinstube eines Weinbaubetriebes, der nur eigene Weine ausschenken darf

Augen

Schoppen und Achtele

Schäufele, Knöchle und Blaue Zipfel

Viertelliter und Achtelliter Wein

im Ofen gebratene Schweineschulter, gekochte Schweinshaxe und in Essigsud geköchelte Bratwürste

Register

5 nach 12 85

A
Africa Festival 7, 106
Airport 107
Alte Mainbrücke 8, 10, 40, 73
Alte Mainmühle 40, 93
Alter Ego 108
Alter Hafen 45
Alter Kranen 4, 60, 97
Alte Universität 57
Altstadtrundgänge 112
Ankunft 110
Annaschlucht 84
Arte Noah 47
Ausgehen 104
Auvera, Jakob van der 30, 43
Auvera, Johann Wolfgang van der 82
Auvera, Lukas Anton van der 40

B
Backöfele 94
Bäcks 5, 90
Baden im Main 85
barrossi caffè espresso 91
Baumlehrpfad 54
B & B Hotel Würzburg 87
BBK-Galerie 46
Bed & Breakfast 86
Beef 800° 60
Behinderte 111
Beim Grafeneckart 38
Berliner Platz 54
Besitos 105
Best Western Premier Hotel Rebstock 88
Bibra, Konrad von 68
Bibra, Lorenz von 6, 27
Biergärten 97
Biergarten am Glashaus 74
Bikes & More 77, 112
Biobistro Köhlers 40
Bismarckturm 50
Bismarckwäldchen 50
B.Neumann 22, 97
Bocksbeutel 120

Bockshorn 46
Bombe 108
Bossi, Antonio Giuseppe 6, 21, 22, 23, 43, 71
Botanischer Garten 84
Botanische Winterführung 55
Bratwurststand Knüpfing 35
Brauerei-Gasthof Alter Kranen 60
Braun, Matthias 74
Brückenschoppen 4, 40
Bua Thai 97
Bücker, Heinrich Gerhard 31
Bürgerbrau-Gelände 11
Bürgerbräu-Gelände 100, 101, 107, 109
Bürgerspital 51
Bürgerspital-Hofschoppenfest 109
Bürgerspital Weinstuben 94
Burkarder Tor 62
Burkard, hl. 63
Bus 111
Byss, Johann Rudolf 21

C
Café am Dom Bassanese 26
Café Fred 91
Caféhaus Brückenbäck 40
Café Rudowitz 91
Call a bike 112
Capri/Blaue Grotte 58
Carillon 57
Central im Bürgerbräu 109
Chase Bar 105
CinemaxX 47, 109
City Tour 112
Congress Centrum Würzburg 103
Congress Tourismus Würzburg 110
Creation DK 103

D
Dallenbergbad 85
Das Boot 47, 108

Das v. EVERT Hotel am Congress Centrum 88
Dauthendey, Max 120
Dean & David 36
Der Auflauf 58
Deutschhauskirche 11, 64
Dialekt 4
Die Murmel 101
Dominfo 26
Domschatz 10, 26, 28
Dom St. Kilian 10, 25, 85
Don-Bosco-Kirche 11, 65
Dorint Hotel Würzburg 88
Düll Die Brotbäckerei 93

E
Echter, Julius 6, 8, 10, 43, 44, 57, 68
Eckhaus 87
Eckhaus Wohnaccessoires 101
Edeltraud 91
Eibelstadt 75
Einkaufen 98
Enchilada 105
Erlabrunner Badesee 85
Erthal-Brunnen 54
Erthal, Franz Ludwig von 41
Erthal-Sozialwerk Fahrradservice 112
Espressino Cafè Bar 39
Esterbauer, Balthasar 30
Eton Place 103
Etwashausen 81

F
Fahrkarten 111
Fahrradfahren 112
Faulturm 61
Feichtmayr, Johann Michael 71
Ferienwohnungen 87
Festung Marienberg 10, 66, 69
Festungsflimmern 109
Fischer, Adam Valentin 64
Fischer, Johann Michael 24

Register

Fledermauslehrpfad 62
Fontana 39
Formschön 103
Forum-Haus der VR-Bank 34
Frankenwarte 72
Frank, Leonhard 120
Frankonia-Brunnen 21
Frauenzuchthaus, ehem. 63
Frau Om kocht 95
frautonkrug 101
Frickenhausen 75, 80
Führungen 4, 26, 42, 55, 112
Fürstenbaumuseum 78
Fürstengarten 68

G
Gärtner, Johann Andreas 35
Gassmann, Jacques 6, 28
Gasthaus Tilman 93
Geigel, Johann Philipp 21, 41
Glashaus 97
Goldene Gans 94, 97
Gottfried von Spitzenberg 27
Greiffenclau-Vollraths, Johann Philipp II. von 42
Greising, Joseph 30, 42, 43
Grüner Markt 36
Guttembergpalais 32

H
H$_2$O 99
Habaneros 105
Hafensommer 7, 47
Halbleib 5, 94
Haltestelle Barviertel 58
Haus zum Falken 34
HC24 Wohnen auf Zeit 86
Hennes Kiosk 91
Hermkes Romanboutique 99
Heuler, Fried 68
Hofbräukeller 97
Hof Emeringen 36

Hofgarten 4, 24
Hofgartenweinfest 24
Hof Rannenberg 32
Hostel Babelfish 87
Hotel Greifensteiner Hof 89
Hotel Grüner Baum 87
Hotel Kunterbunt 87
Hotel Melchior Park 88, 111
Hotels 86
Hotel Würzburger Hof 89
Hubland 7, 57, 79

I
Improtheaterfestival 63
Informationen 110
Innere Pleich 10
Internet 110

J
JAC 5, 101
Jahnterrasse 97
Jugendherberge 11, 87
Jugendkulturhaus Cairo 11, 63, 105
Jugendkulturtreff Immerhin 106
Juliusspital 6, 10, 41, 51

K
Kaffee Manufaktur 99
Käppele 9, 10, 71
Karlstadt 80
Kelterhallen Weinfest 109
Kerzenhandel Max Jakob 35, 102
Kilian, Kolonat und Totnan, hll. 8, 29, 30
Kiliansbrunnen 54
Kiliansgruft 31
Kiliansplatz 27
Kilianstag 30
Kitzingen 4, 76, 81
Kleine Nachtmusik 22, 106
Klein Montmartre 103
Klein-Nizza 53
Kneipp-Heilkräutergarten 84
Knoll, Ludwig und Sandra 50

Köhlers Vollkornbäckerei 93
Konrad von Querfurt 67
Kriegerdenkmal 54
Kult 105
Kulturspeicher 46
Kunsthandwerkermärkte 103
Kurie Conti 32
Kurie Heideck 32
Kurie Maßbach 32
Kurie Seebach 32
Kurie Weinsberg 32

L
Landesgartenschau 1990 5, 11, 84
Landesgartenschau 2018 7, 85
Lange, Thomas 6, 31
La Piazzetta 96
Leighton Barracks 57, 88
Lenz, Wolfgang 38
Lesestoff 21, 30, 60
Lindahl-Gedenkstätte 53
liten lycka 101
liten lycka und JAC 5
Literaturbalkon 50
Livemusik 105
Locanda 60
Loma 58
Lusamgärtchen 31

M
Magno, Pietro 28
MainCake 91
Mainfranken Theater 7, 106
Mainkuh (›Meekuh‹) 60
Mainradweg 73
MainRadweg 112
Mainufer 59
Mainviertel 62
Mainwein Weinbistro 40
MAIZ 96
Marienkapelle 10, 34
Marienkirche 68
Marina Hafenbar 105
Marktbreit 76
Marktplatz 10, 33
Marktsteft 76
Martin von Wagner-Museum 79

Register

Maulaffenbäck 5, 94
Mayer, Johann Prokop 24
Meister Eckhard 27
Mennas Time Out 97
Miller, Ferdinand von 21, 55
Mind-Center 78
Mineralogisches Museum 79
Modehaus Wöhrl 103
Moxy Würzburg 87
Mozartfest 7, 22, 106
Mozartgymnasium 32
Museum am Dom 6, 10, 78
Museum für Franken 27, 78
Musicland 99

N
Nacht der offenen Weinkeller 4, 109
Nachtwächterführung 4, 113
Naturkaufhaus Body & Nature 5, 101
Nautilandbad 85
Neubaukirche 8, 57
Neumann, Balthasar 6, 10, 21, 23, 24, 27, 35, 39, 68, 70, 81, 120
Neumann, Franz Ignaz 60
Neumünster 6, 10, 30
Nikolaushof 72
Nobelpreisträger 8, 53
Nordheim 83
Notrufnummern 111
Nowitzki, Dirk 120

O
Oberer Markt 34
Ochsenfurt 75
Odeon Lounge 108
Oegg, Johann Georg 6, 24, 43
Open-Air-Events 106
Osteria Trio 97

P
Parken 110
Pasta e olio 96
Pavillon Moltkeruh 49
Pension Achtzimmer 87
Perlenmarkt Würzburg 102
Petrini, Antonio 6, 42, 58, 63, 81
Plastisches Theater Hobbit 107
Platz der Fischerzunft 64
Pleich 9, 10, 79
Pleicher Handwerkerhaus 10
Posthalle 106
Privatzimmer 86

R
Radfahren 73
Radio 111
Randersacker 74
Rathaus 10, 37
Ratskeller 39
Residenz 4, 9, 10, 20
Residenznacht 22
Reue (Bar) 58
Reuererkirche 58
Riemenschneider, Tilman 6, 21, 27, 31, 34, 63, 68
Ringpark 52
Ringparkfest 54
Robyn, Georg 42
Röntgen-Gedächtnisstätte 79
Röntgen, Wilhelm Conrad 53, 79, 120
Rostosky, Gertraud 120

S
Sanderstraße 104
Scherenberg, Rudolf von 6
Schiestl, Heinz 31, 64
Schleglmünig, Arthur 71
Schlosshotel Steinburg 49, 88
Schmidt, Balthasar 55
Schönborn-Brunnen 54
Schönborn, Friedrich Carl von 23
Schönborn, Johann Philipp Franz von 6, 21
Schönbornstraße 36
Schuster, Josef 120

Schützenhof 72, 97
Sebald, Theo 64
Sebastian-Kneipp-Steg 74
Shalom Europa – Jüdisches Museum 79
Sicherheit und Notfälle 111
Sieboldgarten 84
Siebold-Museum 5, 79
Siebold, Philipp Franz von 5, 54, 79
Sir Quickly 97
s.Oliver 102
Sommerach 83
Sommerhausen 75
SophienBäck 95
Soulfood Kitchen 92
Speeth, Peter 11, 63, 65
Spezialitätenmarkt 36
Spitäle 11, 64
Staatlicher Hofkeller 6, 51, 109
Stadtführungen 112
Stadtmodell 38
Stadtstrand 59
StadtVERführungen 113
Standard 105
Stationsweg 70
St. Burkard 11, 63
Steinbachtal 84
Steinerne Stiftungsurkunde 42
Stein-Wein-Pfad 48
Sternbäck 5
St. Gertraud 10
StraMu 7
Straßenbahn 111
Stuber, Nikolaus 31
Sturbok Café & Bar 92
Sturm, Engelbert 53
Sulzfeld 82

T
Tanzen 107
tanzSpeicher Würzburg 46
Thalheimer, Franz Andreas 43
Theater am Neunerplatz 107
Theater Augenblick 46, 107

Register

Theater Chambinzky 7, 107
theater ensemble 7, 107
Theaterwerkstatt 7, 107
Ticket Service 110
Tiepolo, Giovanni Battista 6, 9, 22, 23
Till Eulenspiegel 57, 88
TonArt 101
Top Hotel Amberger 88
Tourist Information 110
Tretter, Mathias 120
Tscharlie 106

U
Umsonst & Draußen 7, 106
Umweltfreundlich unterwegs 111
Universität 56
Unterer Markt 33
Unverpackt 99

V
Veggie Bros 58, 93
Veitshöchheim 82
Veranstaltungsinfos 104
Vereinsgaststätte Zur Feggrube 74
Vier Jahreszeiten 95
Vierröhrenbrunnen 10, 38, 39
Vinothek Silvaner-Haus in der Zehntscheune 42
Vogelkundlicher Spaziergang 55
Volkach 83
Volkacher Mainschleife 83
Vrohstoff 93

W
Wagner, Johann Martin von 35
Wagner, Johann Peter 21, 40, 43, 44, 71, 82
Waldschänke Dornheim 97, 109
Walfisch (Hotel und Restaurant) 60, 89
Walther von der Vogelweide 10, 21, 32
Weihnachtsmarkt 9, 36
Wein 44, 49, 67, 80, 83, 109
Wein am Stein 51, 109
Weinberg Tusculum 49
Weinfeste 4, 109
Weingut am Stein 49
Weingut Knoll 49
Weingut Reiss 51
Weinhaus Zum Stachel 35
Weinparade 4, 36, 109
Weinstube Halbleib 94
Weinstuben Juliusspital 42
WeinWerk am Stein 51
Weiße Flotte 4, 61
Welcome Card 111
Weltladen 5, 102
Wirtshaus Lämmle 94
Wochenmärkte 100
wohlsein 58
Wohnzimmer 58
Wolff, Jacob d. Ä. 68
Wunschlos glücklich 91
Würzburger Weindorf 36, 109

Z
Zauberberg 108
Zaubergarten 97
Zeller Torhaus 65
zeychen & wunder 102
Zick, Johann 21
Zimmermann, Dominikus und Johann Baptist 31
Zobel von Giebelstadt, Melchior 64
Zollhaus 97
Zukunftshaus 102
Zürn, Georg von 53

Das Klima im Blick
Reisen bereichert und verbindet Menschen und Kulturen. Wer reist, erzeugt auch CO_2. Der Flugverkehr trägt in erheblichem Maße zur globalen Erwärmung bei. Wer das Klima schützen will, sollte sich – wenn möglich – für eine schonendere Reiseform entscheiden oder die Projekte von atmosfair unterstützen. Flugpassagiere spenden einen kilometerabhängigen Beitrag für die von ihnen verursachten Emissionen und finanzieren damit Projekte in Entwicklungsländern, die dort den Ausstoß von Klimagasen verringern helfen (www.atmosfair.de). Auch die Mitarbeiter des DuMont Reiseverlags fliegen mit atmosfair!

Abbildungsnachweis | Impressum

Abbildungsnachweis
akg-images, Berlin: S. 14/15 (Bildarchiv Monheim); 21 (Erich Lessing)
Congress-Tourismus-Würzburg, Würzburg: S. 38 (A. Bestle)
Fotolia, New York (USA): S. 20, 52 (Franz Gerhard); 4 o. (hykoe); 120/1 (johan10)
Hanna Wagner, Wörth: S. 29, 33
Huber-Images, Garmisch-Partenkirchen: S. 37, 59, 92 (Frank Lukasseck); 16/17 (Maurizio Rellini) Jugendkulturhaus Cairo, Würzburg: S. 62 (Luisa Heller)
laif, Köln: S. 100 (Andreas Hub); 41, 44, 75, 90, 103, Umschlagklappe hinten (Georg Knoll); 34 (Markus Kirchgessner); 120/9 (Miquel Gonzalez)
lookphotos, München: S. 43 (age fotostock); 8/9 (Andreas Strauß); 23 (Don Fuchs); 45 (Günther Bayerl); 48 (Holger Leue); 83 (Katharina Jaeger)
Mauritius Images, Mittenwald: S. 96 (Alamy/Derek Phillips); 76 (Alamy/Eckhard Supp); 120/5 (dieKleinert/Lutz Kasper); 81 (Klaus Neuner); 95 (Martin Siepmann); 66 (Rainer Mirau); Titelbild, Faltplan (René Mattes); 56 (SZ Photo Creative/Johannes Simon)
picture-alliance, Frankfurt a. M.: S. 25, 27 (Bildarchiv Monheim/Peter Eberts); 120/4 (dpa/Arne Dedert); 12/13, 46, 50, 63, 108, 110, 120/7 (dpa/Daniel Karmann); 7 (dpa/Daniel Peter); 54, 73, 78/79, 98 (dpa/David Ebener); 120/2 (dpa/Fred Stein); 4 u., 70, 97, 104, Umschlagklappe vorn, 107 (dpa/Karl-Josef Hildenbrand); 53 (dpa/Marcus Führer); 85 (dpa/Stefan Puchner); 82 (imagebroke/Karl F. Schöfmann); 113 (imagebroker/Frank Bienewald); 31 (imagebroker/Martin Siepmann); 99 (Westend61/Natalia Deriabina)
Schlosshotel Steinburg, Würzburg: S. 89 (Eydos Digital, London/Walter Schiesswohl)
Shutterstock, Amsterdam (NL): S. 86 (Atiketta Sangasaeng); 120/3 (molcay)
Ullstein Bild, Berlin: S. 120/6 (Dephot)
Wikimedia Commons: S. 120/8 (CC-PD/Max Dauthendey)
Zeichnungen: S. 5 o., 5 u. (Antonia Selzer, St. Peter); 2, 11, 26, 40, 64, 67, 72, 74 (Gerald Konopik, Mammendorf)
Zitat Umschlagklappe hinten aus: Heinrich von Kleist, Brief an Wilhelmine von Zenge.

Kartografie
© KOMPASS-Karten GmbH, A-6020 Innsbruck;
DuMont Reiseverlag, D-73751 Ostfildern

Umschlagfoto
Titelbild: Die Büste Walthers von der Vogelweide am Frankonia-Brunnen
Umschlagklappe hinten: Auf der Alten Mainbrücke

Hinweis: Autoren und Verlag haben alle Informationen mit größtmöglicher Sorgfalt geprüft. Gleichwohl sind Fehler nicht vollständig auszuschließen. Alle Angaben erfolgen ohne Gewähr. Bitte schreiben Sie uns! Über Ihre Rückmeldung zum Buch und Verbesserungsvorschläge freuen sich Autoren und Verlag:
DuMont Reiseverlag, Postfach 3151, 73751 Ostfildern,
info@dumontreise.de, www.dumontreise.de

2., aktualisierte Auflage 2024
© DuMont Reiseverlag, Ostfildern
Alle Rechte vorbehalten
Autoren: Roland Dusik, Ulrike Ratay
Redaktion/Lektorat: Sebastian Schaffmeister, Melanie Wolfmeier
Bildredaktion: Stefan Scholtz
Grafisches Konzept: Eggers+Diaper, Potsdam
Printed in Poland

Kennen Sie die?

9 von 129 089 Würzburgern

Balthasar Neumann
Er kam 1711 als Geselle nach Würzburg und erhielt 1719 mit der Residenz seinen ersten architektonischen Großauftrag. Er wurde zu einem der bedeutendsten Baumeister seiner Zeit.

Leonhard Frank
1882 in der Mainmetropole geboren, setzte er seiner Geburtsstadt 1914 mit dem Roman »Die Räuberbande« ein Denkmal. Im Dritten Reich verfolgt, flüchtete Frank in die USA.

Wilhelm Conrad Röntgen
Der Nobelpreisträger von 1901 entdeckte während seiner Professorentätigkeit in Würzburg die nach ihm benannten Strahlen. Erfahren Sie mehr im Röntgen-Museum.

Josef Schuster
Der 1954 Geborene machte in Würzburg Abitur, studierte Medizin und hat heute noch eine Praxis dort. Weit bekannter ist er aber seit 2014 als Präsident des Zentalrates der Juden in Deutschland.

Dirk Nowitzki
Der mit 2,13 m vermutlich größte Würzburger (›Dirkules‹) spielte bei den Dallas Mavericks in der NBA. Seine Dirk Nowitzki Stiftung unterstützt sozial benachteiligte Kinder und Jugendliche beim Sport.

Max Dauthendey
Erst 51 Jahre alt war der 1867 in Würzburg geborene Dichter und Maler, als er auf Java an der Malaria starb. Er zählt zu den bedeutendsten Vertretern des deutschen literarischen Impressionismus.

Mathias Tretter
Der Kabarettist wurde 1972 in Würzburg geboren und sammelte erste Bühnenerfahrung im Theater Chambinzky. Im ›Standard‹ veranstaltete er Poetry-Slams. 2023 erhielt er den Salzburger Stier.

Gertraud Rostosky
1876 in Riga geboren, gründete die Malerin auf dem mütterlichen Gut zur Neuen Welt in Würzburg in den 1920er-Jahren eine Künstlerkolonie. Bilder von ihr sind im Kulturspeicher zu sehen.

Bocksbeutel
Dass diese merkwürdige Flaschenform wirklich auf den Beutel eines Bockes zurückgeht, ist eher unwahrscheinlich. Erstmals erwähnt wurde er 1726 und in der Folge zum Symbol des Frankenweins.